文物藏品定级標準圖例

啓功題籤

《文物藏品定级标准图例》卷次

玉器卷

铜器卷

陶瓷器卷

书法卷

绘画卷

造像卷

拓本卷

善本图书卷

钱币卷

漆器卷

家具卷

石刻砖瓦卷

印章卷

鼻烟壶卷

竹木牙角卷

文房用具卷

铜镜卷

兵器卷

乐器卷

印染织绣卷

金银铅锡铁器卷

度量衡钟表仪器卷

玻璃珐琅器卷

甲骨简牍文书档案卷

邮票邮品卷

文物藏品定级標準圖例

wenwu cangpin dingjibiaozhun tuli

启功题签

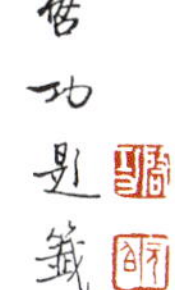

兵器卷

国家文物局国家文物鉴定委员会

文物出版社

本卷编者：

于炳文　杨　萍

责任编辑：

于炳文　许海意

封面设计：

周小玮

责任印制：

王少华　张　丽

英文翻译：

高梦甜

图书在版编目（CIP）数据

文物藏品定级标准图例·兵器卷/国家文物局国家文物鉴定委员会编．—北京：文物出版社，2011.12

ISBN 978-7-5010-3351-5

Ⅰ.①文…　Ⅱ.①国…　Ⅲ.①历史文物-鉴定-中国-图集②兵器（考古）-鉴定-中国-图集　Ⅳ.①K854.2-64

中国版本图书馆CIP数据核字（2011）第242292号

文物藏品定级标准图例·兵器卷

国家文物局国家文物鉴定委员会 编

文物出版社出版发行

（北京市东城区东直门内北小街 2 号）

http://www.wenwu.com

E-mail:web@wenwu.com

2011年12月第1版　2011年12月第1次印刷

北京文博利奥印刷有限公司制版

文物出版社印刷厂印刷

889×1194　1/16　印张20.5

新华书店经销

ISBN 978-7-5010-3351-5

定价：418.00元

目　　录

中华人民共和国文化部令

第19号

《文物藏品定级标准》已经2001年4月5日文化部部务会议通过，现予发布施行。

部长 孙家正

2001年4月9日

文物藏品定级标准

根据《中华人民共和国文物保护法》和《中华人民共和国文物保护法实施细则》的有关规定，特制定本标准。

文物藏品分为珍贵文物和一般文物。珍贵文物分为一、二、三级。具有特别重要历史、艺术、科学价值的代表性文物为一级文物；具有重要历史、艺术、科学价值的为二级文物；具有比较重要历史、艺术、科学价值的为三级文物。具有一定历史、艺术、科学价值的为一般文物。

一、一级文物定级标准

（一）反映中国各个历史时期的生产关系及其经济制度、政治制度，以及有关社会历史发展的特别重要的代表性文物；

（二）反映历代生产力的发展、生产技术的进步和科学发明创造的特别重要的代表性文物；

（三）反映各民族社会历史发展和促进民族团结、维护祖国统一的特别重要的代表性文物；

（四）反映历代劳动人民反抗剥削、压迫和著名起义领袖的特别重要的代表性文物；

（五）反映历代中外关系和在政治、经济、军事、科技、教育、文化、艺术、宗教、卫生、体育等方面相互交流的特别重要的代表性文物；

（六）反映中华民族抗御外侮，反抗侵略的历史事件和重要历史人物的特别重要的代表性文物；

（七）反映历代著名的思想家、政治家、军事家、科学家、发明家、教育家、文学家、艺术家等特别重要的代表性文物，著名工匠的特别重要的代表性作品；

（八）反映各民族生活习俗、文化艺术、工艺美术、宗教信仰的具有特别重要价值的代表性文物；

（九）中国古旧图书中具有特别重要价值的代表性的善本；

（十）反映有关国际共产主义运动中的重大事件和杰出领袖人物的革命实践活动，以及为中国革命作出重大贡献的国际主义战士的特别重要的代表性文物；

（十一）与中国近代（1840—1949）历史上的重大事件、重要人物、著名烈士、著名英雄模范有关的特别重要的代表性文物；

（十二）中华人民共和国成立以来的重大历史事件、重大建设成就、重要领袖人物、著名烈士、著名英雄模范有关的特别重要的代表性文物；

（十三）与中国共产党和近代其他各党派、团体的重大事件、重要人物、爱国侨胞及其他社会知名人士有关的特别重要的代表性文物；

（十四）其他具有特别重要历史、艺术、科学价值的代表性文物。

二、二级文物定级标准

（一）反映中国各个历史时期的生产力和生产关系及其经济制度、政治制度，以及有关社会历史发展的具有重要价值的文物；

（二）反映一个地区、一个民族或某一个时代的具有重要价值的文物；

（三）反映某一历史人物、历史事件或对研究某一历史问题有重要价值的文物；

（四）反映某种考古学文化类型和文化特征，能说明某一历史问题的成组文物；

（五）历史、艺术、科学价值一般，但材质贵重的文物；

（六）反映各地区、各民族的重要民俗文物；

（七）历代著名艺术家或著名工匠的重要作品；

（八）古旧图书中具有重要价值的善本；

（九）反映中国近代（1840—1949）历史上的重大事件、重要人物、著名烈士、著名英雄模范的具有重要价值的文物；

（十）反映中华人民共和国成立以来的重大历史事件、重大建设成就、重要领袖人物、著名烈士、著名英雄模范的具有重要价值的文物；

（十一）反映中国共产党和近代其他各党派、团体的重大事件，重要人物、爱国侨胞及其他社会知名人士的具有重要价值的文物；

（十二）其他具有重要历史、艺术、科学价值的文物。

三、三级文物定级标准

（一）反映中国各个历史时期的生产力和生产关系及其经济制度、政治制度，以及有关社会历史发展的比较重要的文物；

（二）反映一个地区、一个民族或某一时代的具有比较重要价值的文物；

（三）反映某一历史事件或人物，对研究某一历史问题有比较重要价值的文物；

（四）反映某种考古学文化类型和文化特征的具有比较重要价值的文物；

（五）具有比较重要价值的民族、民俗文物；

（六）某一历史时期艺术水平和工艺水平较高，但有损伤的作品；

（七）古旧图书中具有比较重要价值的善本；

（八）反映中国近代（1840—1949）历史上的重大事件、重要人物、著名烈士、著名英雄模范的具有比较重要价值的文物；

（九）反映中华人民共和国成立以来的重大历史事件、重大建设成就、重要领袖人物、著名烈士、著名英雄模范的具有比较重要价值的文物；

（十）反映中国共产党和近代其他各党派、团体的重大事件，重要人物、爱国侨胞及其他社会知名人士的具有比较重要价值的文物；

（十一）其他具有比较重要的历史、艺术、科学价值的文物。

四、一般文物定级标准

（一）反映中国各个历史时期的生产力和生产关系及其经济制度、政治制度，以及有关社会历史发展的具有一定价值的文物；

（二）具有一定价值的民族、民俗文物；

（三）反映某一历史事件、历史人物，具有一定价值的文物；

（四）具有一定价值的古旧图书、资料等；
（五）具有一定价值的历代生产、生活用具等；
（六）具有一定价值的历代艺术品、工艺品等；
（七）其他具有一定历史、艺术、科学价值的文物。

五、博物馆、文物单位等有关文物收藏机构，均可用本标准对其文物藏品鉴选和定级。社会上其他散存的文物，需要定级时，可照此执行。

六、本标准由国家文物局负责解释。

附：一级文物定级标准举例

一级文物定级标准举例

一、玉、石器 时代确切，质地优良，在艺术上和工艺上有特色和有特别重要价值的；有确切出土地点，有刻文、铭记、款识或其他重要特征，可作为断代标准的；有明显地方特点，能代表考古学一种文化类型、一个地区或作坊杰出成就的；能反映某一时代风格和艺术水平的有关民族关系和中外关系的代表作。

二、陶器 代表考古学某一文化类型，其造型和纹饰具有特别重要价值的；有确切出土地点可作为断代标准的；三彩作品中造型优美、色彩艳丽、具有特别重要价值的；紫砂器中，器形完美，出于古代与近代名家之手的代表性作品。

三、瓷器 时代确切，在艺术上或工艺上有特别重要价值的；有纪年或确切出土地点可作为断代标准的；造型、纹饰、釉色等能反映时代风格和浓郁民族色彩的；有文献记载的名瓷、历代官窑及民窑的代表作。

四、铜器 造型、纹饰精美，能代表某个时期工艺铸造技术水平的；有确切出土地点可作为断代标准的；铭文反映重大历史事件、重要历史人物的或书法艺术水平高的；在工艺发展史上具有特别重要价值的。

五、铁器 在中国冶铸、锻造史上，占有特别重要地位的钢铁制品；有明确出土地点和特别重要价值的铁质文物；有铭文或错金银、镶嵌等精湛工艺的古代器具；历代名人所用，或与重大历史事件有直接联系的铁制历史遗物。

六、金银器 工艺水平高超，造型或纹饰十分精美，具有特别重要价值的；年代、地点确切或有名款，可作断代标准的金银制品。

七、漆器 代表某一历史时期典型工艺品种和特点的；造型、纹饰、雕工工艺水平高超的；著名工匠的代表作。

八、雕塑 造型优美、时代确切，或有题记款识，具有鲜明时代特点和艺术风格的金属、玉、石、木、泥和陶瓷、髹漆、牙骨等各种质地的、具有特别重要价值的雕塑作品。

九、石刻砖瓦 时代较早，有代表性的石刻；刻有年款或物主铭记可作为断代标准的造像碑；能直接反映社会生产、生活，神态生动、造型优美的石雕；技法精巧、内容丰富的画像石；有重大史料价值或艺术价值的碑碣墓志；文字或纹饰精美，历史、艺术价值特别重要的砖瓦。

十、书法绘画 元代以前比较完整的书画；唐以前首尾齐全有年款的写本；宋以前经卷中有作者或纪年且书法水平较高的；宋、元时代有名款或虽无名款而艺术水平较高的；具有特别重要价值的历代名人手迹；明清以来特别重要艺术流派或著名书画家的精品。

十一、古砚 时代确切，质地良好，遗存稀少的；造型与纹饰具有鲜明时代特征，工艺水平很高的端、歙等四大名砚；有确切出土地点，或流传有绪，制作精美，保存完好，可作断代标准的；历代重要历史人物使用过的或题铭价值很高的；历代著名工匠的代表作。

十二、甲骨 所记内容具有特别重要的史料价值，龟甲、兽骨比较完整的；所刻文字精美或具有特点，能起断代作用的。

十三、玺印符牌 具有特别重要价值的官私玺、印、封泥和符牌；明、清篆刻中主要流派或主要代表人物的代表作。

十四、钱币 在中国钱币发展史上占有特别重要地位、具有特别重要价值的历代钱币、钱范和钞版。

十五、牙骨角器 时代确切，在雕刻艺术史上具有特别重要价值的；反映民族工艺特点和工艺发展史的；各个时期著名工匠或艺术家代表作，以及历史久远的象牙制品。

十六、竹木雕 时代确切，具有特别重要价值，在竹木雕工艺史上有独特风格，可作为断代标准的；制作精巧、工艺水平极高的；著名工匠或艺术家的代表作。

十七、家具 元代以前（含元代）的木质家具及精巧明器；明清家具中以黄花梨、紫檀、鸡翅木、铁梨、乌木等珍贵木材制作、造型优美、保存完好、工艺精良的；明清时期制作精良的髹饰家具，明清及近现代名人使用的或具有重大历史价值的家具。

十八、珐琅 时代确切，具有鲜明特点，造型、纹饰、釉色、工艺水平很高的珐琅制品。

十九、织绣 时代、产地准确的；能代表一个历史时期工艺水平的具有特别重要价值的不同织绣品种的典型实物；色彩艳丽，纹饰精美，具有典型时代特征的；著名织绣工艺家的代表作。

二十、古籍善本 元以前的碑帖、写本、印本；明清两代著名学者、藏书家撰写或整理校订的、在某一学科领域有重要价值的稿本、抄本；在图书内容、版刻水平、纸张、印刷、装帧等方面有特色的明清印本（包括刻本、活字本、有精美版画的印本、彩色套印本）、抄本；有明、清时期著名学者、藏书家批校题跋、且批校题跋内容具有重要学术资料价值的印本、抄本。

二十一、碑帖拓本 元代以前的碑帖拓本；明代整张拓片和罕见的拓本；初拓精本；原物重要且已佚失，拓本流传极少的清代或近代拓本；明清时期精拓套帖；清代及清代以前有历代名家重要题跋的拓本。

二十二、武器 在武器发展史上，能代表一个历史阶段军械水平的；在重要战役或重要事件中使用的；历代著名人物使用的、具有特别重要价值的武器。

二十三、邮品 反映清代、民国、解放区邮政历史的、存量稀少的；中华人民共和国建国以来具有特别重要价值的邮票和邮品。

二十四、文件、宣传品 反映重大历史事件，内容重要，具有特别重要意义的正式文件或文件原稿；传单、标语、宣传画、号外、捷报；证章、奖

章、纪念章等。

二十五、档案文书 从某一侧面反映社会生产关系、经济制度、政治制度和土地、人口、疆域变迁以及重大历史事件、重要历史人物事迹的历代诏谕、文告、题本、奏折、诰命、舆图、人丁黄册、田亩钱粮簿册、红白契约、文据、书札等官方档案和民间文书中，具有特别重要价值的。

二十六、名人遗物 已故中国共产党著名领袖人物、各民主党派著名领导人、著名爱国侨领、著名社会活动家的具有特别重要价值的手稿、信札、题词、题字等以及具有特别重要意义的用品。

注：二、三级文物定级标准举例可依据一级文物定级标准举例类推。

《文物藏品定级标准图例》前言

依据《中华人民共和国文物保护法》，1987 年中华人民共和国文化部颁布《文物藏品定级标准》，经过多年的实践检验，证明该项标准是基本可行的，但要补充与进一步完善。

国家文物鉴定委员会在多年的文物鉴定工作中积累了丰富的经验。1997 年 3 月，受国家文物局的委托，开始对《文物藏品定级标准》进行修改，国家文物鉴定委员会多次组织专家，历经三年，终于在二十世纪末提出修改方案。经国家文物局反复审核，报经文化部批准，于 2001 年 4 月颁布实施。为了提高文物管理水平，改善、提高对文物鉴定工作的监督作用，早在1997 年 3 月，国家文物局就授权国家文物鉴定委员会编辑出版《文物藏品定级标准图例》。

此次颁布实施的修订后的《文物藏品定级标准》规定：珍贵文物中，具有特别重要历史、艺术、科学价值的为一级文物；具有重要历史、艺术、科学价值的为二级文物；具有比较重要历史、艺术、科学价值的为三级文物；一般文物为具有一定历史、艺术、科学价值的文物。2002 年修订后的《中华人民共和国文物保护法》第三条规定，可移动文物分为珍贵文物和一般文物；珍贵文物分为一级文物、二级文物、三级文物。文物级别的区分，从法律上予以了确认。

国家颁布的文物保护法第四章规定：“博物馆、图书馆和其他文物收藏单位对收藏的文物，必须区分文物等级，设置藏品档案，建立严格的管理制度。”

第七章规定“有下列行为之一，构成犯罪的，依法追究刑事责任：

（一）盗掘古文化遗址、古墓葬的；

（二）故意或者过失损毁国家保护的珍贵文物的；

（三）擅自将国有馆藏文物出售或者私自送给非国有单位或者个人的；

（四）将国家禁止出境的珍贵文物私自出售或者送给外国人的；

（五）以牟利为目的倒卖国家禁止经营的文物的；

（六）走私文物的；

（七）盗窃、哄抢、私分或者非法侵占国家文物的。”

执行以上各条款，首先要区分文物等级，因此，文物定级既是文物管理工作的前提和基础，又是打击文物犯罪的犀利武器。实施一切保护文物的法律法规，它的技术前提首先是文物定级。

文物是人类历史文化的遗存物，从不同的领域或侧面反映出历史上人们认识世界、改造世界的状况，是研究、认识人类社会历史的可靠凭证。文物是历史长河中同类物品的幸存者，只有文物能够突破时间和空间的限制，给历史以可以触摸的质感，并成为历史知识与历史形象的载体。文物所具有的认识作用、教育作用和公证作用，构成了文物特性的表现形式。由于文物具有这种特性，所以每件文物都是多种历史信息的综合载体。它所承载的信息量及珍贵程度因物而异，因此文物才可以定级别，才有确定级别的依据。

多年实践经验告诉我们，在运用文物藏品定级标准时，要考虑该类文物藏品的存量、分布、现状、功能、制作及工艺水平，质地和流传经过等诸多因素，进行综合评定。

文物的级别是一个区间。同一个区间，也就是同一个级别的相类文物可有一定差异，换言之，可有其上线及下线。两个相邻级别之间，有着一定的模糊度，有些差异难于量化表现。在文物鉴定工作中，准确的定级是鉴定工作的至高点，也是鉴定工作的归宿。

为了更好地贯彻执行修改后的《文物藏品定级标准》，国家文物鉴定委员会按照国家文物保护法的要求，依据修订后的《文物藏品定级标准》，编纂了《文物藏品定级标准图例》。这套图书具有学术性、实用性和权威性。全书25卷，含37类文物。为编纂此书，国家文物鉴定委员会聘请了几十位专家，他们将多年的经验积累，注入了本书的编写工作之中。每册书稿都经过集体讨论和审定，通过图例形式对《文物藏品定级标准》进行较为准确的形象解释。这将有利于推进国家颁布的《文物藏品定级标准》的实施，使文物藏品的分级管理得到进一步完善，对社会流散文物的管理则会得到进一步加强。由于提高了文物定级工作的透明度，将有利于公正执法。

我国历史悠久，幅员辽阔。各地文物藏品的数量、品种、质量极不平衡；各地的文物鉴定工作者在人数、业务水平，以及各自的阅历、素质上，也存在着一定的差异。在去伪存真的前提下，在执行、运用文物藏品定级标准过程中，往往会出现差距，有时甚至出现很大差距。久而久之，在事实上则出现了地方标准和单位标准，这对文物的管理和保护工作十分不利。此套图书的出版发行，将有利于克服这一现象。

在编辑出版此书的过程中，得到了有关博物馆（院）、文物研究与收藏单位的大力支持，得到了很多文博专家、学者的帮助。在这里特别要向鼎力支持过本书的已故的启功、刘巨成、史树青、朱家溍先生表示深切地怀念。

随着我国文物事业的发展，文物藏品定级工作还会出现新情况、新问题，希望各位专家和读者在阅读使用此书的过程中，提出宝贵意见，以使其日臻完善，这是我们所期盼的。

刘东瑞

2005年8月

《文物藏品定级标准图例》凡例

一　《文物藏品定级标准图例》（简称《图例》）是一套图例系列丛书，按类别分卷。或按质地，如《玉器》、《铜器》；或按功能、用途，如《鼻烟壶》、《印章》；或按艺术品种，如《绘画》、《书法》等。

二　每卷前面所载《文物藏品定级标准》作为本卷《图例》选录的依据。

三　《图例》收录范围，各类根据实际情况确定。如《玉器》选录自新石器时代至1949年以前，《鼻烟壶》选录自清代至1949年以前。

四　每卷内容分为珍贵文物与一般文物两部分。珍贵文物又分为一、二、三级，每个级别所选器物尽量照顾时代与品种。一件文物的图片对其表现完好，文字未注明有损伤，则此物完好。

五　同一类别中相同或相似的文物有明确出土地点的（如墓葬、遗址、地层、水域等），有重要流传经过的，蕴含重要情节的，或与重要历史事件、历史人物相关的，则可适当提高其品位。能否影响文物级别，视具体情况而定。

六　每件文物图片之下均有言简意赅的文字说明。年代一般只注朝代或考古时期。历史纪年用旧纪年来注公元纪年。公元1000年以前的加“公元”二字，如南朝（公元420～589年）；公元1000年以后的不加，如明永乐（1403～1424年）、清乾隆二年（1737年）；公元前的加“公元前”三字，如西汉建元二年至元光元年（公元前140～前134年）；不使用旧纪年的，用公元纪年或世纪表示。

七　数据均按中华人民共和国法定计量单位书写。

兵器卷序

纵观中国五千年的文明史，在某种意义上说，是伴随着战争的足迹演进的。在原始社会晚期，它是国家和文明诞生的助产士；在阶级社会中，它是国家存亡朝代更替的直接手段。

“国之大事，在祀与戎”（《左传·成公十三年》），或曰：“……执干戈以卫社稷”（《礼记·檀弓下》）。“祀”与“戎”，“干戈”与“社稷”，两者相辅相成，或可认为是同一事物的两个侧面。在古代，社稷原指土神和谷神，四时祭祀乃帝王、诸侯的重大国事之一，以致成了国家、政权的代称。而干戈、战争是保卫国家政权、永延帝祚，乃至开疆扩土、争城略地的前提和保障。所以无论古今，历朝历代都十分重视军队的建设和兵器、战具的生产、研制，强国必强兵，强兵才能安邦。

而一支强大的军队的构建，除了充足的训练有素的士卒之外，还必须拥有先进而精良的兵器装备。所以历代帝王对其十分重视，并且设专门机构研制监造，统一规格，集中制作。成书于东周时期的《考工记》记载，各类兵器制造均有分工，冶氏制戈、戟，桃氏制剑，函人制皮甲，弓人制弓，矢人制箭。书中还对兵器的规格、质量做了明确的规定。汉代在太仆之下有“考工令”，负责各类兵器的生产，“主作兵器弓箭刀铠之属”。制作的兵器集中存放在武库之中。1975年发掘的长安武库，分类存放有戟、戈、剑、盾、弓、弩、箭支，盔胄、铠甲。这座武库位于长乐、未央两宫之间，共有七座库房，属于西汉时期，看来是供守卫京师的南、北军使用的。

到了北宋，由于皇帝的重视，兵器的制作牢牢地掌握在朝廷手中。建国之初，便在国都汴梁（今河南开封）建南、北作坊和弓箭院，有工匠七八千人。每年可制做战具、兵幕32000多件，弓弩、箭支1650万件。开宝八年（975年），太祖赵匡胤每隔十天，便亲临核查一次，以确保各类兵器的质量。仁

宗时期，下诏命曾公亮编撰《武经总要》。全书四十卷，分前、后两集，讲选将用兵、古今阵法、城池攻防、火攻水战、边防要隘、阴阳占候，其中多卷较详细地记载了当时的军械装备、攻守城战具、楼船斗舰等，并附有器图。在当时，这部书称得上是集古代之大成的军事百科全书，也是我们今天研究古代军事思想、古代兵器的重要资料。

由于历代统治者的重视，每一种先进的科学技术产生之后，无一不优先应用到兵器制作上。夏商之际，青铜冶铸技术刚一发明，就用来制作兵器。在河南偃师二里头遗址中，发现了夏末商初的青铜戈、青铜戚和箭镞。这些兵器形制规整，明显地脱离了原始形态。以后青铜兵器逐渐取代了石、骨制兵器，成了商代两周军队的主要装备。春秋后期钢铁冶炼技术诞生，立即出现了钢铁制造的兵器。如在湖南长沙铁路车站的春秋晚期墓中，出土了钢剑。1990年，在河南三门峡市的虢国墓地中，出土了一柄短剑，铁制剑身，后接青铜剑茎，剑茎外包有玉制剑柄。据科学分析，用来制剑的铁为人工冶制品，从而又把人工冶铁兵器的历史提早到了西周晚期。

我国的四大发明之一——火药，研制后也是首先用在军事上。唐昭宗天祐年间，就曾将火药绑在箭杆上，射出去，“飞火”攻城。后来最早的三个火药实用配方，是通过北宋开宝年间编撰的《武经总要》留传下来的。以后火器不断研制、改进。北宋也就成了冷兵器时代与火器和冷兵器并用时代的分界点。

中国古代兵器梗概

中国古代兵器起源于原始社会，是由狩猎工具演变来的。我们的祖先把木棍的前端削尖，后来又把锋利的石矛头捆缚在木棍的前端，制成原始的矛。“弦木为弧，剡木为矢”制成了弓箭。原始社会晚期，氏族部落间的掠夺争斗越来越激烈，原本的狩猎工具被用来杀人，就变成了兵器。

追溯中国古代兵器的历史，滥觞于原始社会晚期，历经夏、商、周、春秋战国、秦、汉，直至明清，延续了几千年，几乎伴随了中国历史的全过程。在这数千年中，为了增强杀伤力，兵器的质地不断发生变化，种类逐渐更新，即使同一种兵器，其形制也在随着战争形式的变化而变化，用瑞彩纷呈来形容毫无夸张之意。

在中国古代兵器史上，人们习惯地把它分为冷兵器时代和火器与冷兵器并

用时代两大阶段。前一阶段源于原始社会晚期，止于五代，时间达四千年左右，经历了石器时代、青铜时代和铁器时代。后一阶段始于北宋，仁宗庆历年间以前，军队中已配备了早期的火药兵器，此时可视为火器与冷兵器并用时代的起始。到清代鸦片战争时期，火器已发展到可制作大型火炮阶段，但传统的冷兵器仍是军队的重要装备。这一阶段大约经历了九个世纪。

经过几千年发展的中国古代兵器，种类林林总总，先秦有“五兵”之说，至明清，或用“十八般兵器”来概括当时的兵器。后来又有人根据兵器的质地，将其分别称之为“石兵”、“铜兵”和“铁兵”，或按兵器的长短，分为“长兵器”和“短兵器”等，但没有抓住问题的实质。因为，每件兵器都是用多种材料制作的复合品，非其中一种材料可以指代。其二，兵器的长短是根据实战的需要来决定的，并非一成不变。最为科学的方法，是按其在实战中的用途划分，称为“格斗兵器”、“远射兵器”、“卫体兵器”、“防护装具”。扩而广之，加上“古代战车”和“古代战船”，构成了中国古代兵器的基本框架。

格斗兵器，顾名思义，是指两军对战拼搏厮杀时使用的兵器。无论是在隋唐以前的冷兵器时代，还是北宋以后的火器与冷兵器并用时代，它都是军队的主要装备。不但延续时间长，种类繁多，而且随着战争形式的变化而演进，车战有车战的格斗兵器，步战有步战的格斗兵器，骑兵有骑兵的格斗兵器。

格斗兵器又因使用方法不同，有长柄、短柄的区别。长柄的如戈、矛（枪）、戟、大刀、斧钺、殳、铍、棍、矟、钚、铤，以及镋、钯、铲、叉等。作战时多用双手执握；短柄的如刀、剑，还有啄锤、骨朵、鞭、锏等，使用时多单手执握，或双手各执一件，或与盾等防护用具配合使用。

远射兵器是指利用机械装置，远距离杀伤敌人的兵器。出现最早，使用时期最长的当属弓、箭，后来出现了弩。秦汉以后在战争中又使用了砲（礮、抛石机），把石弹抛向远处，砸击敌军，最适于攻城守寨。宋代以后，先是把石弹改成陶弹，内装火药，杀伤力大大加强。不久，研制成了管形火器——突火枪，此后，铜、铁制成炮、铳相继出现，传统的远射兵器出现了一个分支——火器。它的数量虽不如常规兵器多，但因杀伤力大，往往决定战争的成败。它的出现，也使战争逐渐改变了原来的面貌。

卫体兵器，以短小灵巧，便于佩带为特点。这类兵器平时用于防身，以应

不措。临战中，只有在双方肉搏，扭打在一起的情况下，这时较长的格斗兵器已腾挪不开，卫体兵器适得其用，所以应用并不广泛。这种卫体兵器因以短小，藏匿方便，于是派生出了另一功用，就是用作行刺的器械。春秋战国时期，专诸刺王僚用的鱼肠剑，荆轲刺秦王用的徐夫人匕首即是例证。

卫体兵器的种类驳杂，有匕首（短剑）、短刀、手戟、袖棁等。卫体兵器大多制作精良。又因随身佩带，往往是主人的珍玩。因而装饰华美，艺术价值极高。

防护装具，是在古代战争中，用来遮身护体，保护自己的设施和器具。又可细分为两个亚类，其中一类是穿着在士卒身上的盔铠甲胄，或是用来遮马匹、战车的马甲、铜甲片。另一类是武士手中执握，用来格挡敌方攻击的盾櫓、钩镶等。

防护装具几乎是与格斗兵器同时产生的，有着相辅相成的发展轨迹，是名副其实的矛与盾的关系。用木、用石、用骨做格斗兵器时，则用木、藤、兽皮制作盾、甲等防护器具。到了商周，以青铜铸造戈、矛，随之出现了青铜盔胄。护甲虽然仍用皮革，但从选材到制作工艺都更加精细。而且有效防护部位明显加大。春秋战国时期，在用钢铁铸造格斗兵器的同时，也开始了用铁制甲片编缀头盔、甲衣，而且所用甲片渐渐变小，穿着起来活动越来越方便，到了汉代，出现了柳叶甲、鱼鳞甲。南北朝时期出现重铠具装甲等。

战车与战船，从狭义上说算不上兵器，只是古代作战所用的运载工具。但由于作战的需要不断改进，已与平常的车船有了很大的区别。它们在古代战争中起过重要作用，特别是战车，曾主宰了西周到东周近千年的战场，车战是当时的主要战争形式。但无论是战车还是战船，主要构件全由木材等有机材料制成，至今早已朽毁，很难再见到当时完整的形象，所以不是本书收录的主要对象，只收录了陕西临潼秦始皇陵西侧出土的一号铜车（模型）。

兵器类文物藏品定级要素

中国古代兵器流传到今天，不管是考古发掘资料，还是传世遗物，都经历了几百上千年，乃至几千年的岁月，早已褪去了烽烟战火，成了博物馆的陈列品，或者宝贵珍藏，成了历史文物。是文物就有它的价值，其一是它的历史价值，它承载的社会历史信息；其二是它的科学价值，它的制作工艺在科

学史上的体现；其三是它的艺术价值，它的美学意义及在美术史的地位。鉴赏古代兵器，除了上述三方面之外，还要分析这类兵器存在的数量比例，以及保存状况，有无损伤或损伤程度，等等诸多因素。

二十世纪八九十年代，中华人民共和国国务院、文化部先后颁布了《中华人民共和国文物保护法实施细则》和《文物藏品定级标准》等文件。进入二十一世纪后不久，又相继颁布了这两个文件的修订本。这无疑是文物保护和正确定级的准则，也是甄别古代兵器、编纂本卷图书的纲领性文件和规范。

根据《文物藏品定级标准》，文物藏品首先区分为珍贵文物和一般文物，珍贵文物又分为壹级、贰级、叁级。

《文物藏品定级标准》规定："具有特别重要历史、艺术、科学价值的代表文物为一级文物；具有重要历史、艺术、科学价值的为二级文物；具有比较重要历史、艺术、科学价值的为三级文物；具有一定历史、艺术、科学价值的为一般文物。"

首先，对于一件古代兵器，古人和今人考量的着眼点是不同的。对一般兵器，古人注重它的性能，它的质量，以及它的实用性，其次才是它的装饰。对专用兵器或特殊兵器，则把艺术和装饰放在第一位。而今人则片面重视它的艺术性，美学价值，之后才是它的历史价值，往往忽略了它的实战功能。对此我们在选择标本，判定级别时两者兼顾。

另外，一件古代兵器，是多种材料制成的复合品。比如一柄青铜戈，它有青铜铸造的戈头，竹或木制的柲。如果是春秋战国时期的戈，柲还可能是积竹法制作的，木芯贴竹片，再用丝麻缠裹，胶漆髹饰。戈头与柲要用丝麻绳或筋条绑扎固定，戈柲顶部套龠。戈头外还装配戈室（鞘）；青铜剑的剑茎缠裹丝麻剑缑，剑身外套装剑鞘。鞘有木制的、象牙制的，汉代王室、贵族还用玉制作剑格、剑首、剑璏、剑摽，称玉具剑。有的剑上还铸刻铭文、花纹，错金银、镶宝石。这些古代兵器流传至今，经历了几千年或几百年的风尘，有机质的部件多已朽毁，镶嵌的金玉或已脱落。我们现在看到的已不是它们的原貌。定级别时，在全面衡量的基础上，突出重点。比如两件青铜戈，形制、质量、保存情况基本相同。但一件有铭文，一件没有，有铭文的戈级别就会相对提高。再如两柄基本相同的剑，有玉具的和无玉具的，定级时也会有所差别。如果铭文反映了重大的历史问题，或有特殊意义，剑的玉具附件的质量上乘或纹饰独特，差别会更大，一件普通戈、剑，按标准定为

叁级文物，另一件从铭文或剑具考虑，可能定为壹级文物。

在古代兵器鉴定中，遗存、流传状况也是定级标准要考虑的因素之一。大体上说，经过科学考古方法发掘所得的高一些，流传有序的高一些。原来使用者（或墓主）身份高、地位显赫的会高一些，经过知名人士收藏的也会高一些，究其原因也很简单，因为这些兵器蕴含的文化信息含量更丰富。

不同种类的古代兵器，存世数量的多少，会影响所定级别的高低，同一种兵器中的特制兵器、异形兵器会受到特别地关注。比如汉代的钩镶，全为铁制，多已锈残；河北藁城、北京平谷刘家河出土的商代铁刃铜钺，品相也不太好；陕西临潼秦始皇兵马俑坑出土的铜钩形兵器，目前仅此一件。在定级和《图例》标本选取时，都予适当考虑。这就是“物以稀为贵”的道理。

兵器类文物藏品定级释例

壹级品

玉长援大戈（图2），1974年出土于湖北黄陂盘龙城李家嘴2号墓。这件玉戈为仪仗用兵器，虽然未琢刻花纹，但从头至尾长达1米，宽13.5厘米，至今尚未见出其右者，时代又早到商代中期。对于研究商代方国和商代礼制用玉有着非常重要的意义。我们把它定为壹级文物。

铜太保蕾戈（图7）与铜吕不韦铭文戈（图17），一件为西周早期的兵器，一件为秦代的兵器。太保蕾戈出土于河南洛阳北窑机瓦厂，为典型的西周早期铜戈的形式，质朴无华，只在援本近阑处铸饰一张口虎头纹。按其形制、保存状况等因素，当定为贰级文物。但它的内上铸有铭文，一面铭“大保”，另一面铭“蕾”。大保即太保，蕾为召公次子，继任太保之职。此戈为研究召公家族史，乃至西周初年的历史提供了重要资料，不可替代，因此定为壹级文物。吕不韦戈长胡四穿，铸造精良，也是一件实战用兵器，装柲长1.9米。从铭文看，是始皇三年，秦相吕不韦督造的官府兵器，铭文中还有工官、工师、工匠的名字。通过戈铭文可以研究秦王朝的兵器制作情况乃至秦的兵器装备。定为馆藏壹级文物也实至名归。

铜越王勾践剑（图75）与铜吴王夫差矛（图25），这是春秋晚期一对冤家的自铭兵器。两人在世时争斗得你死我活。死后他们的兵器都没能留存在自己的国土内，而出土于楚国辖地。越王勾践剑出土于湖北江陵望山一号楚

墓，吴王夫差矛出土于湖北江陵马山楚墓，这本身就是历史之谜。其二，两器铸造精良，装饰华美。器身用菱形暗格装饰，铸铭文。剑曰“越王勾践，自作用剑”，矛曰“吴王夫差，自作用鉾”。越王勾践剑出土时插在黑漆木剑鞘内。史书记载吴越兵器，利甲天下，在这儿得到了印证。因此，无论从历史价值，还是艺术价值、科学价值分析，都是壹级文物中的上品。

铜透雕人面纹钺（图38），出土于山东青州苏埠屯，钺身透雕人面纹，大眼粗眉，裂口露齿，狞厉之中透出稚拙之美。在商代，钺本身就是象征权力的兵器，加之此钺形体很大，当有特殊的历史价值和艺术价值，因此定为壹级文物。但与同地同时出土的另一件有“亚醜”铭文的人面纹铜钺（图39）相比，因承载的历史信息量不同，虽然都是壹级文物，品次上当下之一等。

铜夔龙纹盾（图101），是在陕西临潼秦始皇陵封土堆西侧发现的，出土时插在一号铜车车厢右犄内侧的盾箙之内。虽然只是模型，体量是真实盾的1/2，但铸制得非常逼真，盾面彩绘谷璧纹。装饰极为华美。我们知道实用的盾都是用木、皮等有机材料制作的，至今多已朽毁，很难让人看到原貌，所以这件盾模型显得尤为珍贵。加之它原来装配在一号铜车之上。据考，一号铜车是导车、卫车，有兵车的性质，这对于我们研究商周时期，驰骋在中原战场上的战车的兵器装备，提供了真实的资料。因此也把它定为壹级文物。同样道理，和铜盾一起出土的铜弩也定为壹级文物。

铜余昧暗纹矛（图26），出土于江苏丹徒北山顶春秋墓，体形较大，铸制精工。矛身饰菱形暗形纹，骹口作燕尾形，为典型的吴越铜矛的风格。就铭文可知器主为一代吴王余昧。春秋时期吴越兵器不但良工精冶，而且自成体系，在此得到了印证。与铜吴王夫差矛一样定为壹级文物。

贰级品

铜虎鹰搏击戈（图134），这件铜戈以制作工艺精湛见长。戈援连通戈内，下及銎筒，圆雕一虎一鹰。铸器者以极大的想象力，把雄禽猛兽联系在一起，而且虎在上，鹰在下，猛虎的利爪抓住雄鹰，鹰也奋力抗争。虎的下半身及卷曲的虎尾形成戈内，使整件戈达到了平衡。可谓构思奇巧，匠心独具。但戈援的中脊铸饰透雕花纹，于实用性有缺，而且花纹已锈毁，影响了它的观赏性。同类戈中还有保存更完好者。戈上未见铭文，但出土于山西太原金胜村251号春秋大墓，墓主“赵孟”可能为赵简子，这件戈当是他的自铭兵器。综合其历史价值，特别是艺术价值，以及保存状况，定为贰级文

物较为妥当。同样情况的还有云南晋宁石寨山71号墓出土的铜吊人饰矛（图143），这是一件具有古代滇文化特色的兵器，其特点是在矛叶的末端两边各开圆孔，圆孔穿吊人形饰。骹筒的上段也铸饰人头纹，人的头发编成锥形发辫，上竖成矛脊。从这件铜矛上我们可以直观地了解战国西汉时期居住在云南的滇人的服饰特点，他们的习俗乃至历史状况、冶铸水平等等。但因为此矛的骹口残破，吊饰的人形也失去一个。鉴于此墓地出土过更完整的两个吊人饰俱全的铜矛，将其定为贰级文物。

铁钺戟（图152），汉代兵器，熟铁锻制而成，出土于河南浚县，由形如短剑的戟刺纳入钺的銎孔中构成。钺形如斧，向下微弯。整器无任何装饰，当为实用兵器。在矛、戟、环首刀称雄的汉代，这件钺形戟极为罕见，至今尚没有第二件发现，鉴于它具有不可替代性，虽然锈蚀较重，品相欠佳，仍定为国家馆藏贰级文物。

铜龙柄带鞘短剑（图174），出土于四川茂县牟托村墓葬，是一件随身佩戴用于防身的兵器，长不盈尺。难得的是剑、鞘俱全。剑柄首铸作龙头形，有西南古代少数民族特色。剑鞘也用青铜铸成，平底弧盖，两侧有方耳以供穿带。此剑是研究古代少数民族史的重要资料之一。然而对比于时代更早、雕饰更华美的带铜鞘短剑，定为国家馆藏贰级文物。

骨镞（附人骨）（图182），一件出土于郑州商城G3商代灰坑的骨制箭头。其本身与同期的骨制箭头毫无区别。但它已深深射入人的身体之中，至今仍插在脊椎骨之上。从这里我们见识商代兵器的杀伤力，即使一枚骨镞，也足以置人于死地。在商代，这类骨镞大量装备于军队，从而有助于我们研究商代的军事史。我们也把它定为国家馆藏贰级文物。

铁钩镶（图205），出土于江苏徐州，为徐州狮子山楚王陵博物馆所征集。它的中间有镶板，两端有钩头，可以格挡、钩锁敌人的兵器，与环首刀、剑配合使用。钩镶均为铁制，以往发现不多的几件，均已锈残，难窥全貌。只有这一件保存得相当完好，除了缠裹镶握的丝麻类有机物朽毁之外，其他各部件齐全，使我们对钩镶这种兵器有了全面而形象的了解。虽然形象不佳，但作为稀缺文物，定为国家馆藏贰级文物，可以说恰如其分。

叁级品

铜銎内戈（存残柲）（图215），是一件商代晚期的兵器，出土于河南殷墟花园村。在商代，戈虽是主要作战兵器，但銎内戈较少，銎内戈留存到现

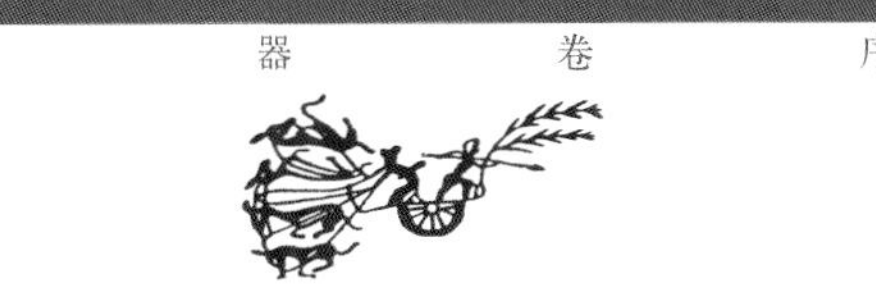

在，銎中残存木柲的更少。这件戈恰恰保存木柲，而且有用木楔楔入銎孔加固的现象，使我们了解了商代兵器的安装情况，虽然此戈装饰很少，又有些锈蚀残损，仍称得上是馆藏叁级文物中的佼佼者。

玉素面矛（图220），其形制非常简洁，酷似一片柳叶。无骹筒，只在末端琢出两个钉孔，用来梢钉装矛柄。与同时代的其他玉器（含玉兵器）相比，作为一件礼兵，琢制过于简单，其艺术、历史的信息含量都不太高，但考虑到材质及存世量等因素，定为国家馆藏叁级文物。

铜管銎钺（图228），这类兵器是北方草原牧猎民族的独特兵器，与中原的宽刃风字形铜钺迥然不同，不见任何装饰，但较厚重，当是一件既可砍杀又能砸击的实战兵器，多用于骑马作战。从这类兵器中可以看到草原牧猎民族的彪悍勇猛。也是研究北方民族的重要文物。综合考虑当今的收藏因素，定为国家馆藏叁级文物。

铁矛（图226）与铁长刀（图238），为唐代居于我国东北一带渤海国的兵器，出土于黑龙江省宁安县虹鳟鱼场渤海墓地。系熟铁锻制而成。铁矛的矛叶与骹分界不明显，骹筒自上而下渐粗，一件骹口呈燕尾形，虽然质朴无华，但蕴含着较丰富的历史信息，其锈蚀不甚严重，从某种意义上说，其历史价值重于收藏价值，定为国家馆藏叁级文物。铁长刀的情况与此相同。他的特点是长、直、窄，是条形，厚背薄刃，断面呈三角形。头端斜杀成尖锋。短茎有圆孔，可夹穿木片做刀柄。虽不美观但很实用，与铁矛有着同样的历史信息含量，也当定为国家馆藏叁级文物。

一般文物

铜矛（图247），这也是一件春秋时期吴越兵器，出土于安徽繁昌。骹筒口呈燕尾形，从骹筒口以上是矛锋全有花纹装饰，三角纹、S形纹、绹索纹、栉齿纹……可谓华美，如果完好，级别当在叁级以上，可惜已断成数段，矛叶也已残损，从而大大降低了它的历史价值和艺术价值，因此把它定为国家馆藏一般文物。河南淅川徐家岭3号墓出土的铜剑情况与之相似，这是一柄楚式剑，剑身扁宽，宽格上饰兽面纹，原来可能还镶嵌绿松石。一是因它已断为数截，而且弯曲变形，锈蚀严重，二是这类剑存世量较多，因此把它定为国家馆藏一般文物。

黑龙江省宁安县虹鳟鱼场渤海墓地出土的铁镞（图256）和铁甲片（图257）则属于另一种情况。它们的制作都很简单，如果单从艺术性来说少有收

藏价值。但其历史价值含量颇高，4件铁镞有的呈铲形，有的呈三棱锥形，还有的镞叶下部有圆形穿孔，不同形制说明它们在实战中有不同用途。铁甲片虽然都呈抹角长方形，但大小及甲片上的缀孔数目不同。这些都反映了渤海军的军事装备情况乃至军队的战斗力，所以我们把它们作为一般文物的代表收录本书。

3件出土于河南登封王城岗遗址的龙山文化的石镞（图252）作为一般文物，也被我们选录进本书，这3件石镞形状各异，制作简单，但它们是部落集团向国家迈进时的遗物，是狩猎工具，也是部落间争战的兵器。向我们传达了古代兵器滥觞的历史信息。

中国古代兵器史，是中国大历史的一部分。中国古代兵器，浩如烟海，不同的古代兵器，产生的时代差别很大，比如矛、盾、弓箭，产生于原始社会晚期，戈、戟、剑始见于夏商，而铳和炮产生于元，相差千年乃至数千年。所以在本卷《图例》所选的标本时，很难在时代上整齐划一，只能根据每种古代兵器的具体情况而定。总体上说，上起原始社会晚期，下迄清代，时间跨度五千年以上。在品种上，以宋代以前的冷兵器为主，兼顾宋元以后冷兵器与火器并用时代的兵器。在文物级别选择上，虽然遗存在世的以一般文物和叁级文物为多，呈金字塔形式。但是为了突出珍贵文物的价值，在选择本卷《图例》标本时，以壹级、贰级文物为主，叁级文物和一般文物次之，呈倒金字塔形式。甄别文物，我们力求综合、客观、全面考虑其历史价值、科学价值、艺术价值等诸多因素；遴选标本，我们特别重视典型标本，有可比性的标本，并格外重视近年出土的各代兵器，力求有代表性；编次方面，首先按壹级文物、贰级文物、叁级文物和一般文物排序。每级文物中，再按兵器的种类、时代先后排序。这样，读者可以明了同类兵器的发展脉格，不同时期的异同。不当之处，谨请匡正。

于炳文

2009年春日

图版目录

壹级文物

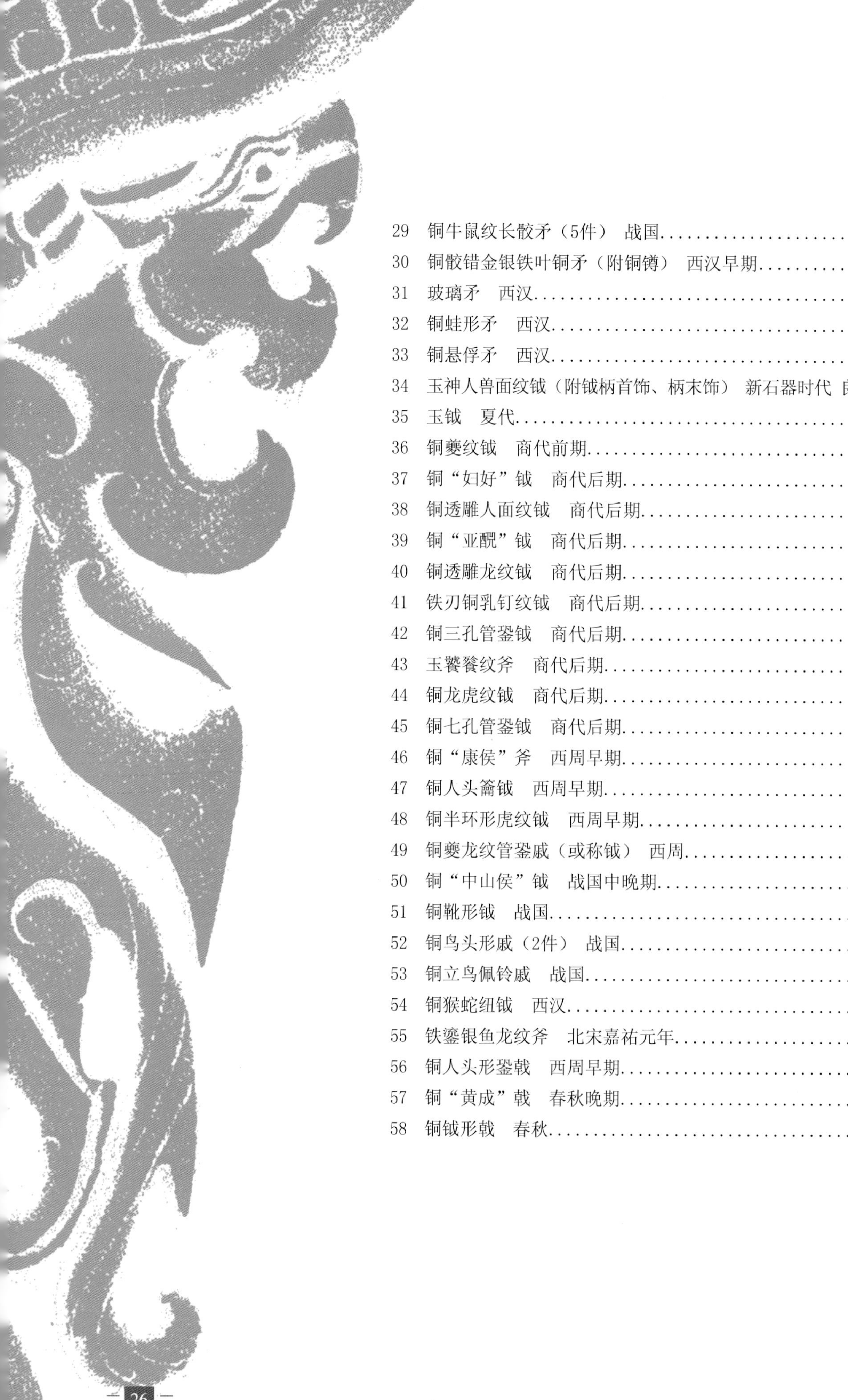

贰级文物

叁级文物

一般文物

LIST OF THE PLATES

Artifacts of Grade I

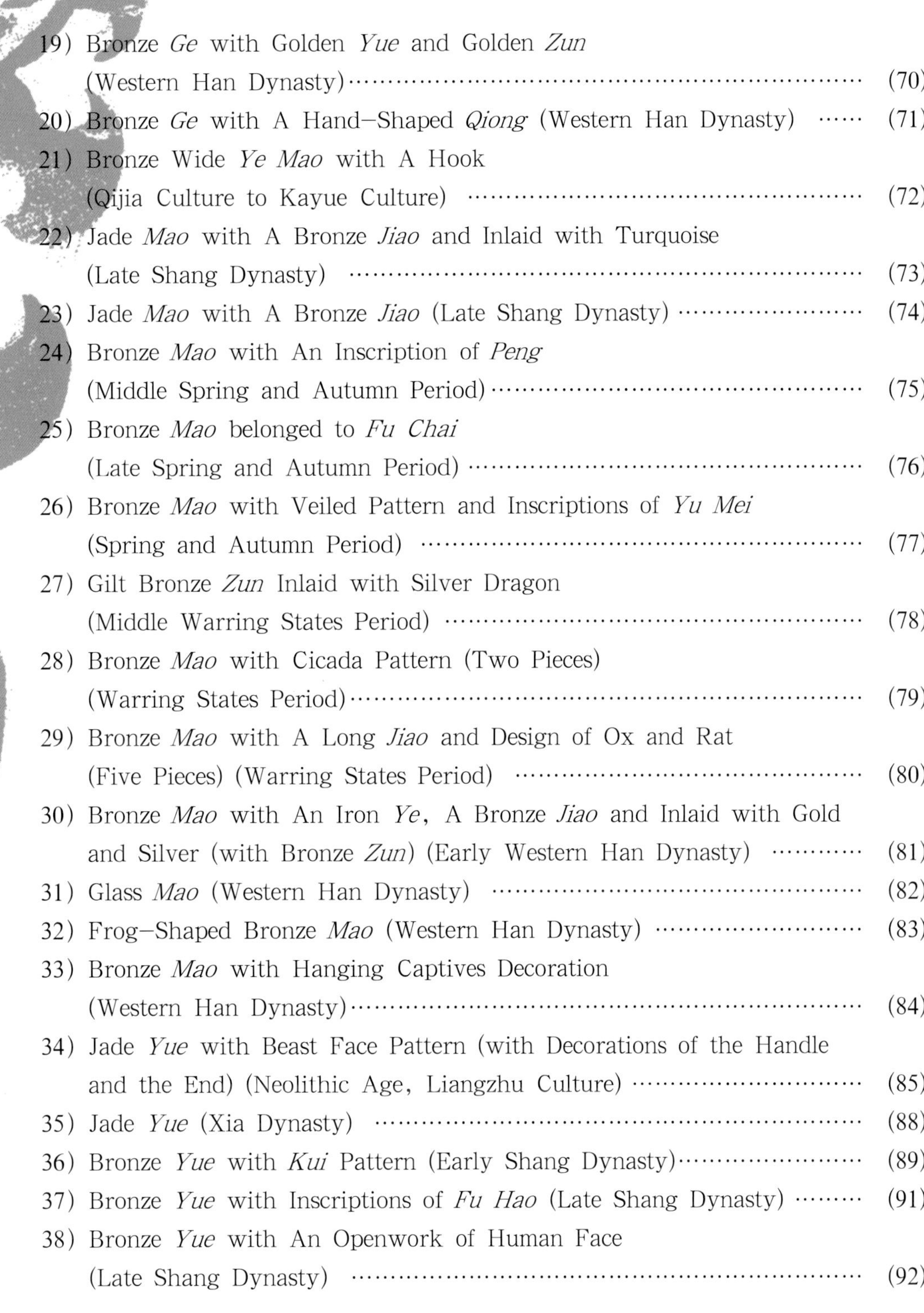

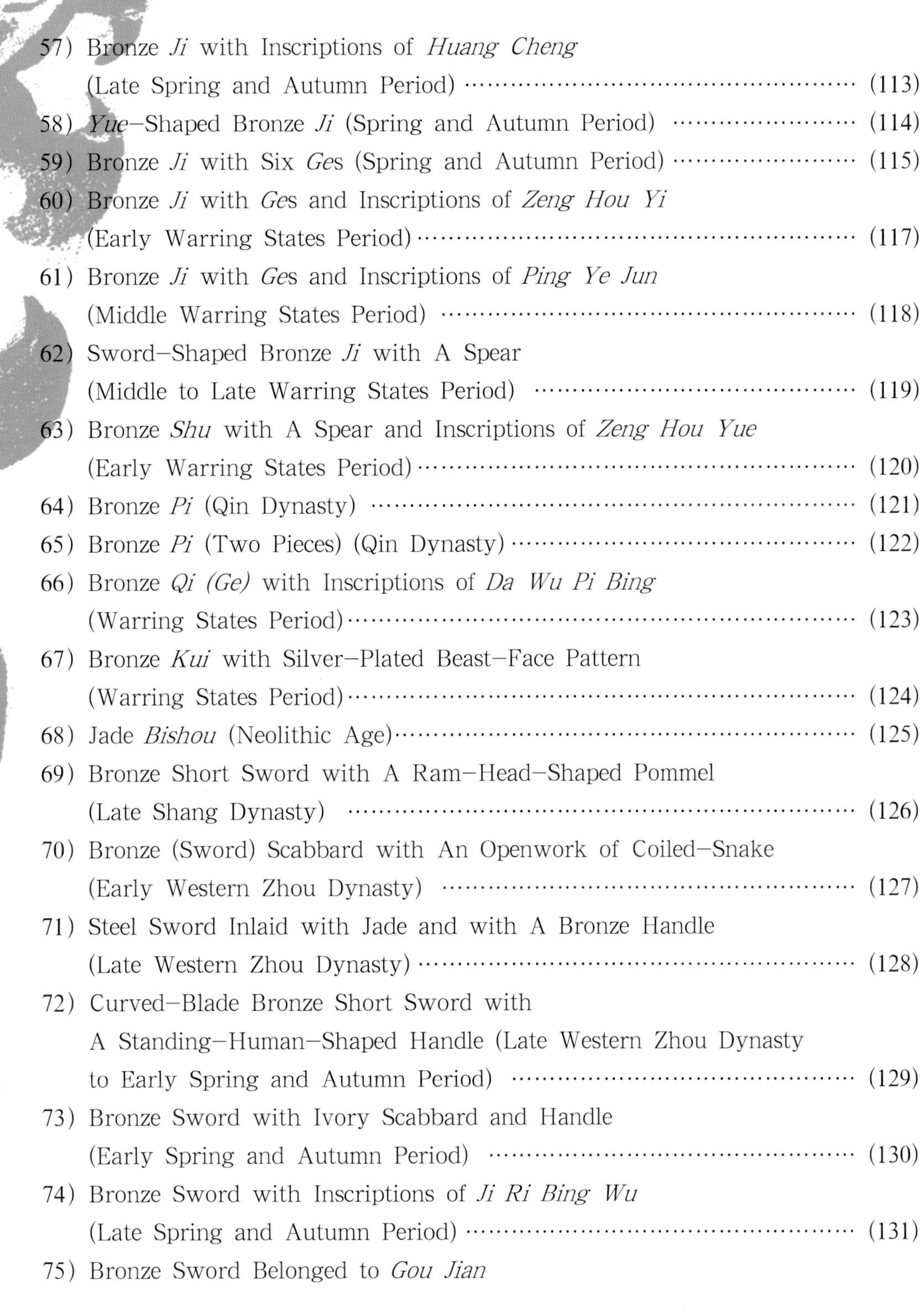

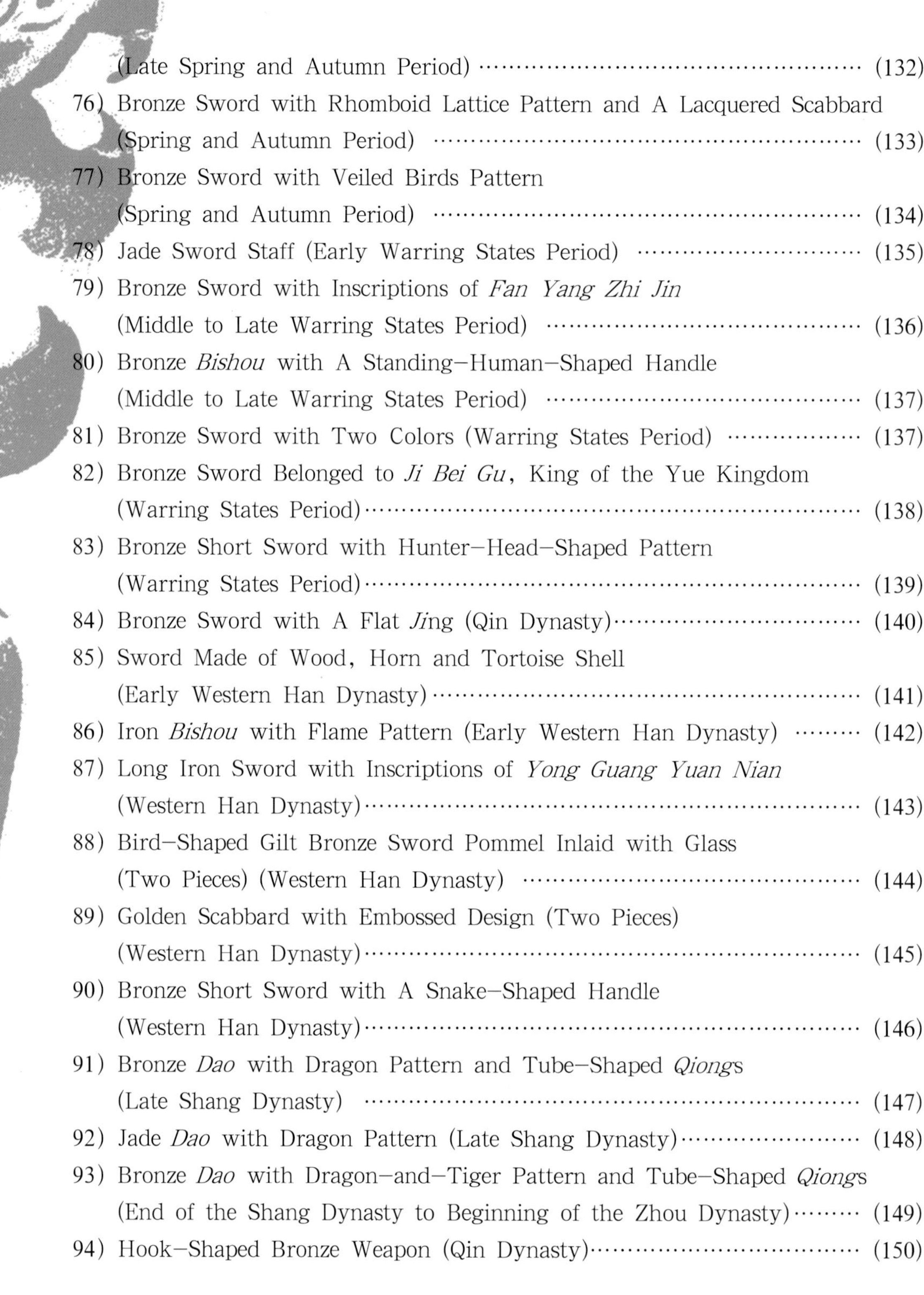

Artifacts of Grade II

Artifacts of Grade III

Common Artifacts

壹级文物

1　玉短内戈

夏代（公元前2070～前1600年）

通长21.9、援宽4.7厘米

河南省偃师市二里头遗址出土

河南偃师商城博物馆藏

整玉雕琢而成，色青白泛黄。长援短内。援的后段扁平，前锋锐利。内的下部琢一圆穿。

这件玉戈不但时代早，而且琢制精细，保存完好。有助于对夏文化的探索研究。具有特别重要的历史价值和艺术价值，定为国家馆藏壹级文物。

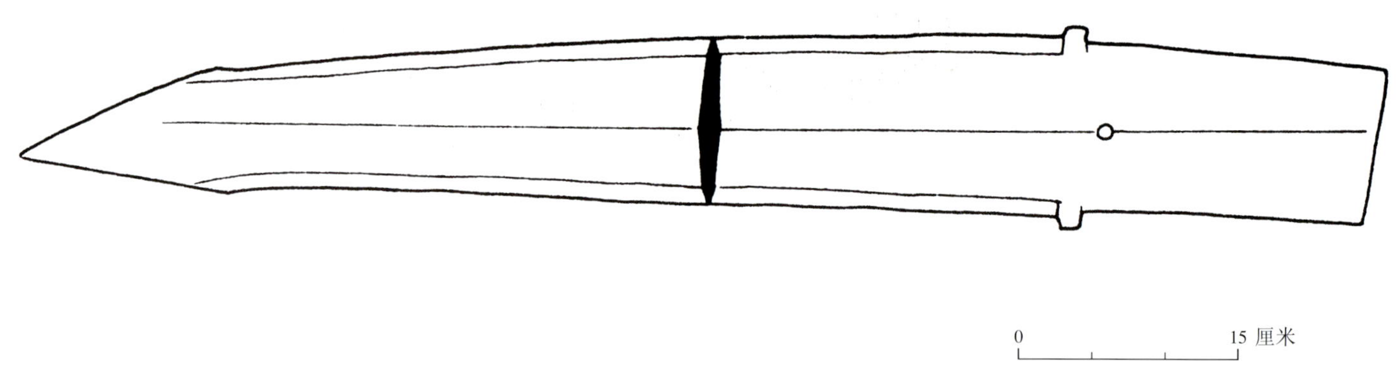

2 玉长援大戈

商代前期（公元前1600～前1300年）

长93、最宽13.5厘米

湖北省黄陂盘龙城墓葬出土

湖北省博物馆藏

玉戈的戈援甚长并略向下斜。上刃下弧，下刃斜直，至前段弧收成尖锋。援后有突起的上下阑。长方形内，内的前部近阑处有一圆穿。戈的中部从内后至前锋有一条通贯的脊棱。整体玉质呈黄绿色。有沁斑。

这件玉戈以体长称著，至今尚未见与其相匹者，而且时代甚早。从其质地、形体来看，不可能用于实战，而是仪仗用器。为研究商代礼制用玉的珍贵资料，具有非常重要的历史价值，定为国家馆藏壹级文物。

3　铜嵌绿松石玉援戈

商代后期（公元前1300～前1046年）

通长27.8、玉援长15.8厘米

河南省安阳市小屯"妇好"墓出土

中国国家博物馆藏

这是一件青铜与玉合装而成的仪仗用兵器。青铜铸成内和戈的本部。内的前段光素，后端下弯，铸成歧冠鸟形。本部较宽，铸饰饕餮纹。花纹内均用绿松石嵌填。戈援的前段用玉制成，接装在铜制戈本部。玉色灰黄泛绿，中间起脊，靠本部琢一圆形穿孔，前锋呈三角形。

商代晚期，贵族中常用青铜和玉合装的仪仗用器。此戈为其中的佼佼者，又出自"妇好"墓葬中，具有特别重要的历史艺术价值，定为国家馆藏壹级文物。

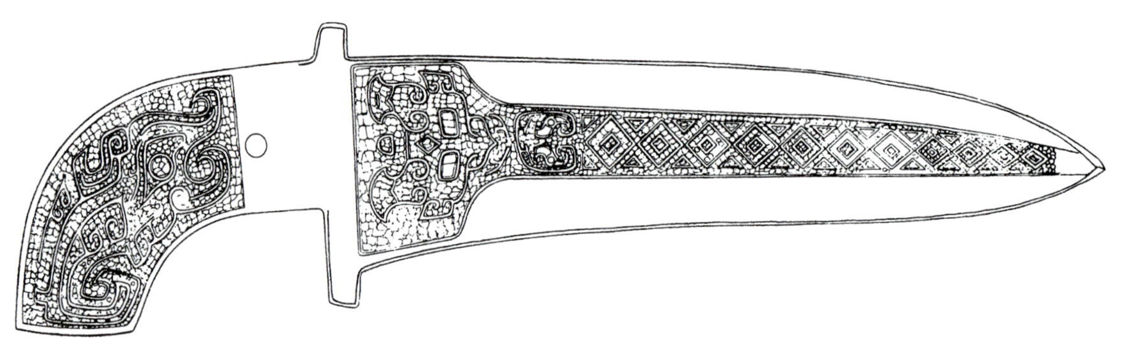

4 铜嵌绿松石饕餮纹曲内戈

商代后期（公元前1300～前1046年）

通长38.8、援长26.3厘米

河南省安阳市小屯“妇好”墓出土

中国社会科学院考古研究所藏

援较长，本部宽，向前段渐窄。上下刃作斜收成前锋。援中部凸起一条扁平的条带，近本部凸起成方形。援后有上下阑。阑后接曲内。内的前段较薄，开一圆穿。后段折曲为弧形。在戈援本部饰饕餮纹，中部条带上饰一蛇纹，蛇尾伸向前锋。内的后段饰夔纹，头向戈援。援的条带上，戈内的后段用绿松石镶嵌，但多已脱落。

此戈装饰精致，应为仪仗用兵器，具有特别重要的历史、艺术价值，定为国家馆藏壹级文物。

0　2　6 厘米

5　铜双头蜈蚣纹戈

商代后期（公元前1300～前1046年）

通长26厘米

陕西省城固县五郎庙出土

城固县文化馆藏

戈援宽肥，呈等腰三角形。中部援脊铸成蜈蚣形象。蜈蚣的尾部伸至前锋，身为脊棱，头颈歧分为二，各有一头探向边刃。吻边有须。身饰连续菱形方格纹带。内后下角有一突刺。正中有一圆穿。

城固所出的器物颇有特色，与巴蜀器物当有一定关系。此戈以蜈蚣为装饰，较特殊。具有特别重要的历史价值和艺术价值，定为国家馆藏壹级文物。

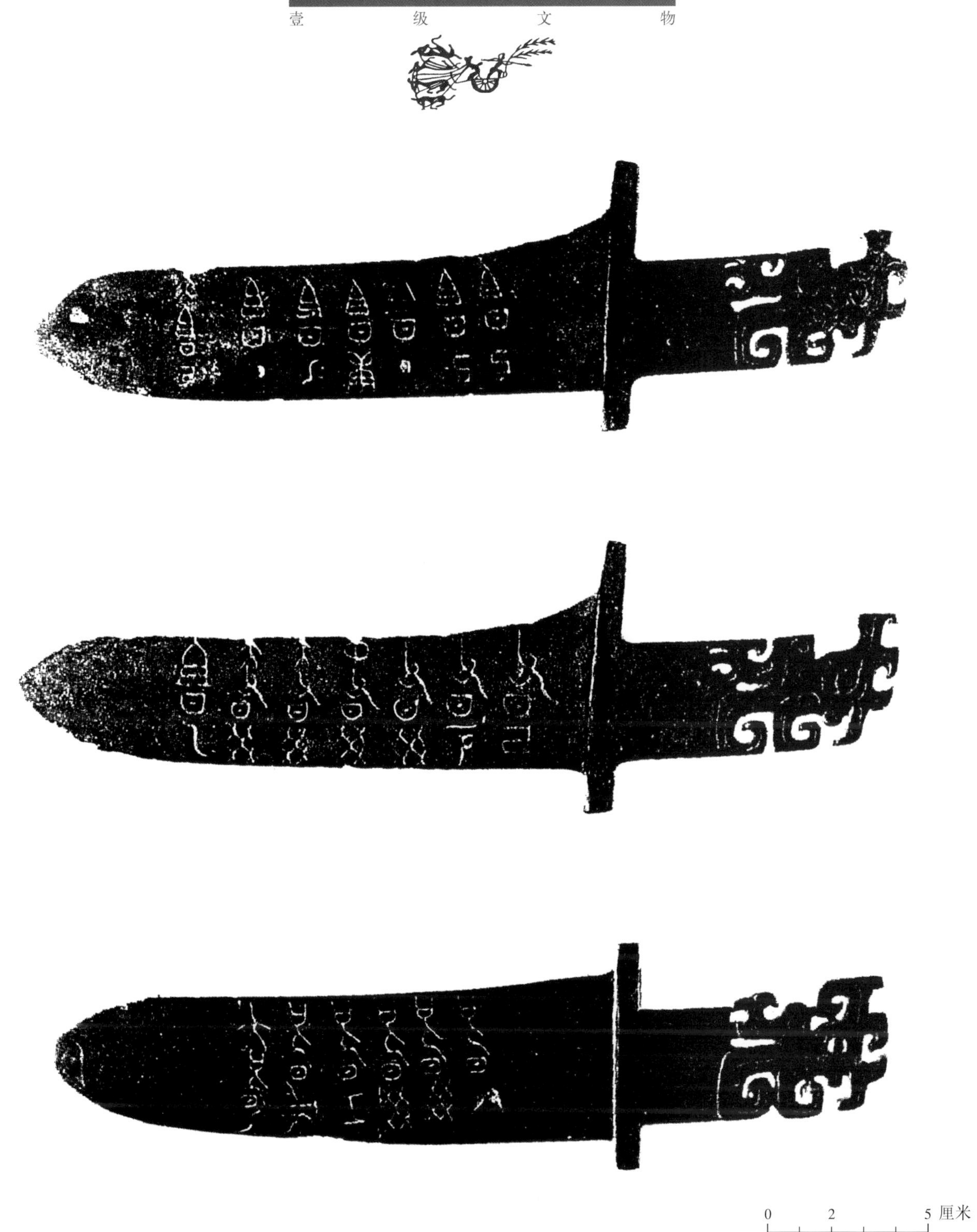

6 铜鸟纹戈（3件）

商代后期（公元前1300～前1046年）

通长分别为27.5、27.6、26.1厘米

传河北保定地区出土

辽宁省博物馆藏

三戈为一组，形制大致相同。戈内狭长，后段透雕鸟纹。戈援上有铭文，或六行，或七行，铭文方向以戈的下刃为上，一戈为22字，一戈为24字，一戈为29字。其内容为祭祀祖、父、兄的文辞。

三件戈为祭祀用仪仗兵器，从铭文看，装柲时需下刃朝上，与常见戈装柲方向相反，或与《尚书·顾命》“执戈上刃”有关。

三件祭祀祖、父、兄的戈同时出土，也很少见。具有特别重要的历史、艺术价值，每件定为国家馆藏壹级文物。

7 铜“太保蕃”戈

西周早期（公元前1046～前977年）

通长23.8厘米

河南省洛阳市北窑机瓦厂出土

洛阳市文物工作队藏

中胡二穿，戈援中段略向上凸，前段下弯。中间起脊。上下开刃，中胡。援本部铸饰虎纹。虎大头张口。戈内呈长方形，下角凹缺。内的后段两面均有铭文。一面铭文为“太保”，另一面为一“蕃”字。

这件戈从形制上看，与西周初年同类戈无异，重要在铭文上。铭文“太保”当为研究西周初年的召公有所帮助。具有特别重要的历史学价值，定为国家馆藏壹级文物。

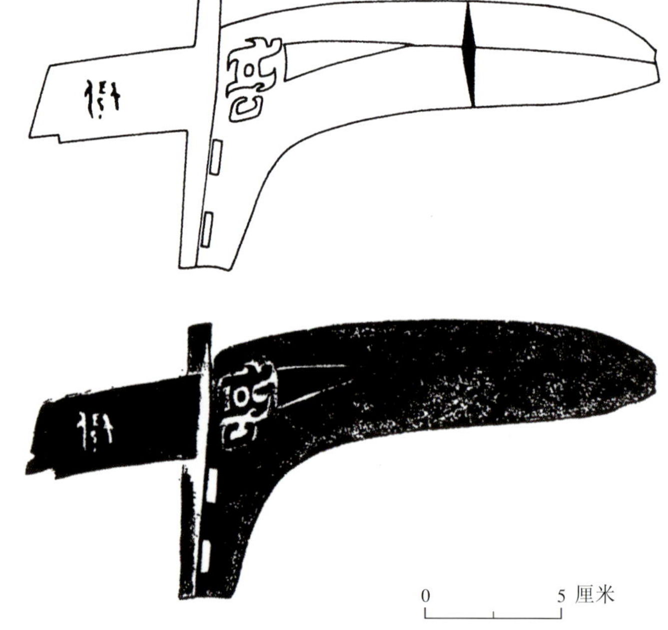

8　铜“楚公”戈

西周晚期（公元前885～前771年）

通长21.3、援长15.3厘米

湖南征集

湖南省博物馆藏

援呈三角形，两刃作斜直向前聚成前锋。前锋圆弧，不甚尖锐。中部突起脊棱。援后有阑，阑侧上下各有一长条形穿。援本部还有一个大圆孔。援上两面均饰对称的半椭圆形黑色斑纹。长方形内，内上开一梭形穿。内的末端及下部有铭文五字，顺读为“楚公冢秉戈”。

此戈的形制与春秋战国时期的巴蜀式戈很相似，两者之间当有渊源关系。“楚公冢”之铭见于周代铜钟。论制作，此戈当入精品之列。且花纹装饰独特。具有特别重要的历史价值和艺术价值，定为国家馆藏壹级文物。

9　玉嵌铜兽面戈

西周（公元前1046～前771年）

长23.5厘米

河北省邢台市南小汪出土

邢台市文物管理处藏

玉制的戈援较长，由本部向前斜伸，成尖锐的前锋。援的中间有一道突起的脊棱。援后有阑。阑侧上下各有一圆形穿。戈内呈长方形，偏前段正中有一圆形穿。而且在戈援、内相交处附一青铜铸成的兽面。兽面大眼圆耳。

这件玉戈玉色青黄，琢制规整精细。玉戈上附青铜兽面较为少现。具有特别重要的历史、艺术价值，定为国家级馆藏壹级文物。

10 **铜“赵孟”戈**

春秋晚期（公元前571～前476年）

通长20.7、援长13厘米

山西省太原市金胜村赵卿墓出土

山西省考古研究所藏

援上昂，上刃斜直，下刃微弧，向前缓收为前锋，援中部突起中脊。胡长而斜垂，胡末平齐。有上下阑。阑侧四穿。援后接长方形内，内的中部有一扁长方形穿。援的本部至胡刻铭文“赵明之御戈”。

据考证，“明”与“孟”通。赵明即赵孟，也就是赵鞅、赵简子，为晋国的正卿。此戈的出土，丰富了对晋国历史的认识，具有特别重要的历史价值，定为国家馆藏壹级文物。

11 铜错金鸟篆纹戈

春秋（公元前770～前476年）

通长25厘米

河北省邢台市万家庄出土

河北省文物研究所藏

戈援微微上昂，向前渐下弧收聚成尖锋，开上下刃，中胡。援后有阑，阑旁有三个长条形穿。内呈长方形，末端呈燕尾状。内的中间开一横长条形穿。戈援两面平展无脊棱。有错金鸟篆文八字：“玄鏐赤鏞之用戈辟”。

这件铜戈的铭文字体隽秀华美，错金经二千余年光亮如初。具有特别重要的历史、艺术价值，定为国家馆藏壹级文物。

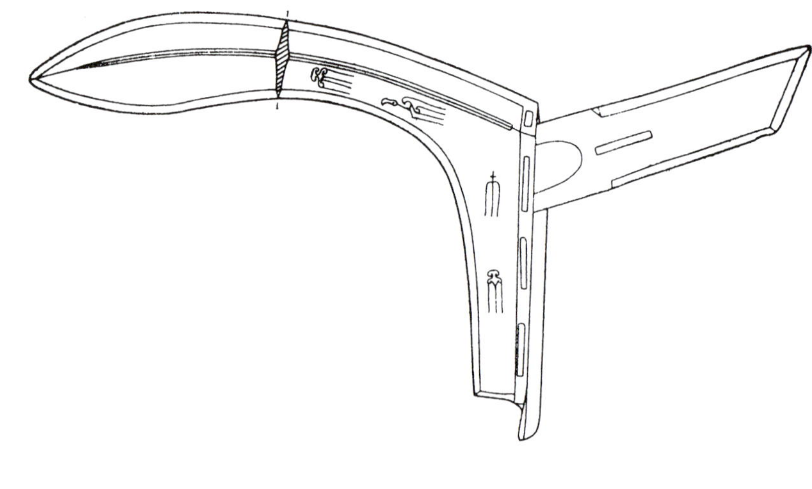

12 铜铭文戈

战国早期（公元前475～前4世纪初）

通长30.7、援长19.9厘米

湖北省随州擂鼓墩曾侯乙墓出土

湖北省博物馆藏

形体较大。援上昂，后段较窄。向前渐宽，至前段最宽而下弧，再收聚成尖锋。援中部突起脊棱。胡长下垂。有突起的阑，阑侧开四个条形穿。内狭长为刀，向上斜伸。中部有一长条形穿。援的后段及胡上有错金铭文四字，不识。

此戈制作精良，其形制为古人所称“拥颈鸡鸣”之形。出土时戈柲略残，装柲后全长1.34米，当为步战用戈。具有特别重要的历史、艺术价值，定为国家馆藏壹级文物。

13 铜“平夜君成”戈

战国中期（公元前4世纪初～前4世纪末）

长21.6、援宽3、脊厚0.5厘米

河南省新蔡葛陵楚墓出土

河南省文物考古研究所藏

中胡四穿。上面一穿略呈圆形，其下三穿均为长方形。援微微上昂，中间起脊棱，尖锋。胡末方折，援本部有阑。长方形内，内的后下部缺角，内上有一长方形穿。自援至胡有鸟虫书铭文“平夜君成之用戈”七字。

此戈形制规范，铸造精良，除铭文外无其他装饰。同墓尚出土平夜君成多戈戟，是探讨战国时期南方诸侯的重要资料。具有特别重要的历史价值，定为国家馆藏壹级文物。

14 铜“燕王职”戈

战国燕昭王时期（公元前311～前279年）

通长27厘米

辽宁省北票县东官营子出土

辽宁省博物馆藏

中胡三穿，戈援后段略上昂，前段下弯。援脊突显。援后有上、下阑，阑旁开三个条形穿。下刃后段弯垂成中胡，胡刃有两个突起的棘尖，钩割时可增大杀伤力。胡上刻铭文七字，“郾王职作御司马”。内窄长，末端呈刀形，委下角。内的中部有一穿。

此矛铸造较精，铭文中的“职”为器主之名，“郾王职”即燕昭王。当为燕昭王的自铭兵器。具有特别重要的历史价值，定为国家馆藏壹级文物。

15 铜虎纹戈

战国（公元前475～前221年）

通长23.5厘米

四川省彭州市红瓦村窖藏出土

彭州市博物馆藏

援呈三角形，下刃略有弯弧。前锋夹角大，锋刃圆弧。援基部有阑。近阑处有两个长条形穿。戈援本部铸突起的虎头纹。虎张开巨口，露出獠牙。脊棱旁饰绹索纹、弧形纹。虎口内有一大圆穿。戈内呈长方形，内上有一圆穿。当属巴蜀铜戈的典型式样。此戈制作精良，出于窖藏中，保存甚好。对巴蜀文化的研究，具有特别重要的历史、艺术价值，每件定为国家馆藏壹级文物。

16 铜虎斑纹十字形戈

战国（公元前475～前221年）

通长26.6、阑宽13.7厘米

四川省新都县马家乡出土

四川省博物馆藏

整体呈十字形，造型规整。援不甚长，两刃平直，前聚成钝锋，中部有突起的脊棱。两刃后部外展，形成对称的短胡。长阑，近阑处正中有一心形穿，两侧各有一个条形穿。内呈长方形，正中开橄榄形穿。戈上通饰虎斑纹，内根部有四条平行线纹。在戈援基部阴刻巴蜀符号。

此件铜戈是典型的巴蜀戈的形制之一。巴蜀符号提供了研究巴蜀文化的资料。具有特别重要的历史价值，定为国家馆藏壹级文物。

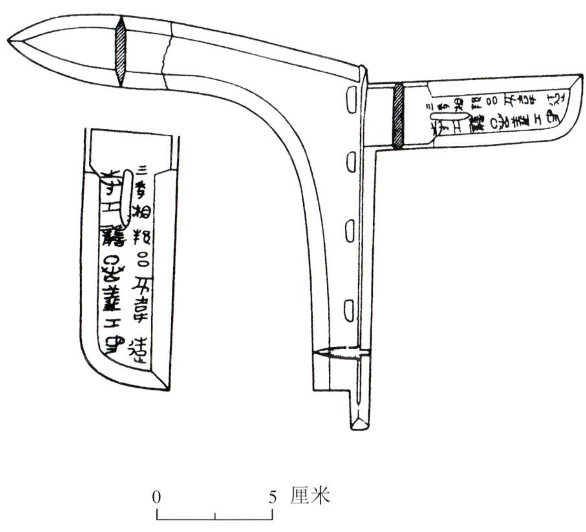

17 铜“吕不韦”铭文戈

秦（公元前221～前206年）

通长26.7、胡长12厘米

陕西省临潼秦始皇兵马俑一号坑出土

秦始皇兵马俑坑博物馆藏

长胡四穿，戈援上昂，前锋渐尖锐，援体扁平。胡较长，刃锋利。援后有突起的阑，阑侧四穿。内窄长，中后段上下开刃，末端如刀。内的中部偏前有一条形穿。内后段有刻铭十五字：“三年相邦吕不韦造，寺工聋，丞义，工窎。”出土时装在长1.9米的木柄上，柄残。

此戈制造精良，出土时泛青光。为秦相吕不韦督造，官府制成的兵器，有工官、工师、工匠名。为研究秦的兵器制造业提供了资料。具有特别重要的历史、科学价值，定为国家馆藏壹级文物。

18 玉虎凤纹戈

西汉早期（公元前206～前141年）

长17.2、宽11.2、厚0.7厘米

江苏省徐州市狮子山楚王陵W4出土

徐州楚王陵汉兵马俑博物馆藏

戈短援长胡方内，前锋圆弧，胡有棘刺，阑侧三穿，内上一穿，右上方委角。胡、援满琢勾连云纹。胡、援之下透雕一螭虎。内上两面琢虎和凤纹。和田玉质，玉色白中泛青。

此戈为礼制兵器。出土于狮子山楚王陵，墓主为西汉早期分封于徐州的一代楚王。凿石辟墓，形制巨大，虽早年被盗，仍出土了很多器物，玉器是其精华之一。其质地上佳，花纹琢饰华美。汉诸侯国的财力物力可见一斑。具有特别重要的历史、艺术价值，定为国家馆藏壹级文物。

19 铜金龠金𬭚戈

西汉（公元前206～25年）

戈长22.5、长11.9厘米

山东淄博市窝托村齐王墓出土

淄博市博物馆藏

长胡三穿，援上昂，至前段微下弧。两刃收聚成前锋。中部突起脊棱。胡长而下垂，有上下阑，阑侧三穿。长内如刀，内上一条形穿。在援内交界处，加金制龠。龠的上部为回首卧鸟形象，鸟有羽冠，短尾，似为鸳鸯。下部为轻长的銎筒。金𬭚上部呈筒形，有数道突棱。下段饰云朵纹，至末端为一蹄足之形。

到了西汉，戈很少用于实战。此戈出自齐王墓，为诸侯王仪仗所用之器，故以金为附件。具有特别重要的历史、艺术价值，按一件计，定为国家馆藏壹级文物。

20 **铜手形銎戈**

西汉（公元前206～25年）

通长26厘米

云南省江川县李家山出土

江川县博物馆藏

戈援前段略略上翘，上下刃缓收成前锋。后段有一小圆形穿。无胡而有阑。援后有銎有内。銎铸成手形，半握拳。腕部为銎口，呈卵圆形，内作长方形。

此戈造型奇特，极像手握匕首之形。在国内为首次发现，展示了古滇国文化独特的艺术魅力。具有特别重要的历史、艺术价值，定为国家馆藏壹级文物。

21　**铜阔叶倒钩矛**

齐家文化至卡约文化（前20世纪～前11世纪）

高61.5厘米

青海省西宁市马坊乡小桥村沈那遗址出土

青海省文物考古研究所藏

矛叶甚宽，形似柳叶。前锋圆钝。骹呈圆筒形，也很长大。骹下端有数道凸棱，侧面有一纽。上端有一凸棱直达矛锋。在矛叶与骹相交处，斜出一倒钩。出土时，骹内残存木矜（柄）的朽痕。

此矛形体巨大，有倒钩。它的时代较早，是研究早期青铜铸造工艺的珍贵资料。具有特别重要的历史、科学价值，定为国家馆藏壹级文物。

22　铜骹嵌绿松石玉叶矛

商代后期（公元前1300～前1046年）

通长21、柄长12厘米

河南省安阳市大司空南25号墓出土

中国社会科学院考古研究所藏

铜骹的前端铸成蛇头形，出土时骹筒内残存木柄的朽痕。铜骹外用绿松石镶嵌成蛇纹。蛇头膨大，凸眼张口，衔住矛叶。蛇身弯曲，至尾向上卷折。蛇纹之下还有一个用绿松石镶嵌的简化兽面纹。玉制矛叶较宽，中部有脊，两刃略外弧。

这件玉刃铜骹矛是同类器中的佼佼者，制作工艺上乘。出土于殷商王陵，具有特别重要的历史、艺术价值，定为国家馆藏壹级文物。

23 铜骹玉叶矛

商代后期（公元前1300～前1046年）

通高18.4厘米

故宫博物院藏

矛的骹呈筒形，由下而上渐细。靠近下部两侧各有一个半环形纽。骹上铸饰兽面纹、蕉叶纹。上端扁而膨大，做成鸭嘴形。矛叶扁平宽肥，玉色黄中泛青，嵌装在铜骹的鸭嘴之内。

此矛也是商代贵族的仪仗兵器，为皇室所藏，当为珍品。具有特别高的艺术价值，定为国家馆藏壹级文物。

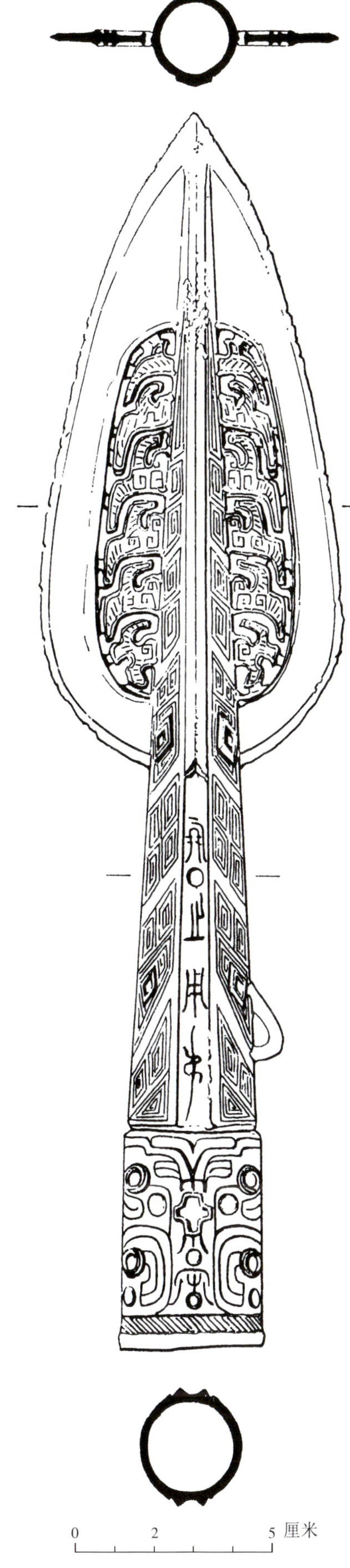

24 铜“倗”矛

春秋中期（公元前676～前572年）

通长31厘米

河南省淅川县下寺楚墓出土

河南省文物研究所藏

矛叶较宽，两刃向前斜收成尖锋。后部圆弧，向上伸延直达尖锋。骹的一侧有一个半环形纽。矛叶上，脊棱两侧透雕云纹。骹的上段有铭文四字：“倗之用矛”，下段饰变形饕餮纹。出土时骹内残存木柄残痕。

此矛系楚墓中出土，矛叶透雕云纹比较少见。从铭文分析，倗为人名，可能是楚令尹薳子冯。具有特别重要的历史价值及艺术价值，定为国家馆藏壹级文物。

25 铜“吴王夫差”矛

春秋晚期（公元前571～前476年）

长29.5、宽3厘米

湖北省江陵市马山出土

湖北省博物馆藏

整体似剑形。矛叶基部微弧。向上平直，至前锋收聚，中部起脊，两侧刀削杀，骹很短，下部作燕尾形。在叶与骹相交处，两面各铸一兽首衔环纽。矛通体铸出菱形暗格纹。下段铸铭文八字，“吴王夫差，自作用鈼”。

在东周铭文兵器中，就目前所见，多剑而少矛。此矛本为吴王夫差的兵器，却出土于楚墓中，其原因待考。具有特别重要的历史、艺术价值，定为国家馆藏壹级文物。

26　铜“余昧”暗纹矛

春秋（公元前770～前476年）

长27.4、叶宽4.7厘米

江苏省丹徒市北山顶春秋墓出土

南京博物院藏

矛叶略成柳叶形，两刃中部内收成弧形，向上渐阔而后收成前锋。中部纵起脊棱，两侧有血槽。椭圆筒形骹直达矛身。骹口外撇，形如燕尾。矛身饰黑色的菱形暗格纹。骹部有铭文九字：“余昧自作□，工其元用”。

这件铜矛铸造精良，保存完好，至今仍很锋利。由铭文可知，其器主为吴王余昧。余昧在位仅4年，此矛尤稀见。具有特别重要的历史、艺术价值，定为国家馆藏壹级文物。

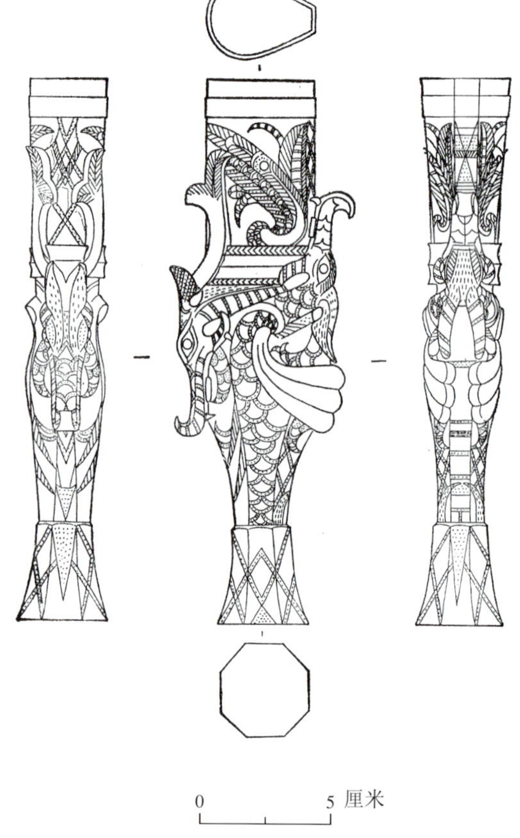

27　铜鎏金银镶龙纹镈

战国中期（公元前4世纪初～前4世纪末）

通长21.2、銎径3.1～4.4厘米

河北省平山县三汲中山王嚳墓出土

河北省文物研究所藏

上部呈筒形，镈口呈瓜子形。镈的下部收为束腰，再外展呈八棱蹄形，镈的中段两侧各饰一龙，龙身的纹饰细如发丝。龙头一上一下，龙眼用银和蓝琉璃镶嵌。头向下的龙，龙角成树枝形，用银镶成。向上的龙则用银镶成双翼。金镈近口处及中部各有一银箍饰。

从其形制分析，当为戈的镈，制作精美，双龙的造型别致，反映了此戈主人的身份，与诸侯地位相当。具有重要的历史、艺术价值，定为国家馆藏壹级文物。

28 **铜蝉纹矛（2件）**

战国（公元前475～前221年）

高23厘米

四川省彭州市红瓦村窖藏出土

彭州市博物馆藏

矛叶甚宽，向上锐收成前锋。骹呈筒形。由下而上渐细，成脊棱直贯锋尖。骹两侧各有一纽，骹的筒口饰卷云纹。骹上饰有巴蜀特征的蝉纹、心纹、手纹等。

在窖藏中，两件形制、纹饰完全相同的铜矛同时出土，较少见，而且铜质优，制作精，为巴蜀铜矛中的上品。具有特别重要的历史、科学价值。每件定为国家馆藏壹级文物。

29 **铜牛鼠纹长骹矛（5件）**

战国（公元前475～前221年）

均长21厘米

四川新都马家乡出土

四川省博物馆藏

矛叶呈柳叶形，骹成筒形，上细下粗，相对矛叶而言，骹较长，且直达前锋，形成脊棱。骹下部有弓形纽。其中四件骹上饰牛鼠纹，鼠头伸向矛锋，一件饰饕餮纹。

这五件矛保存较好，少锈，尺寸、纹饰大致相同，极为难得。具有特别重要的历史、艺术价值，每件定为国家馆藏壹级文物。

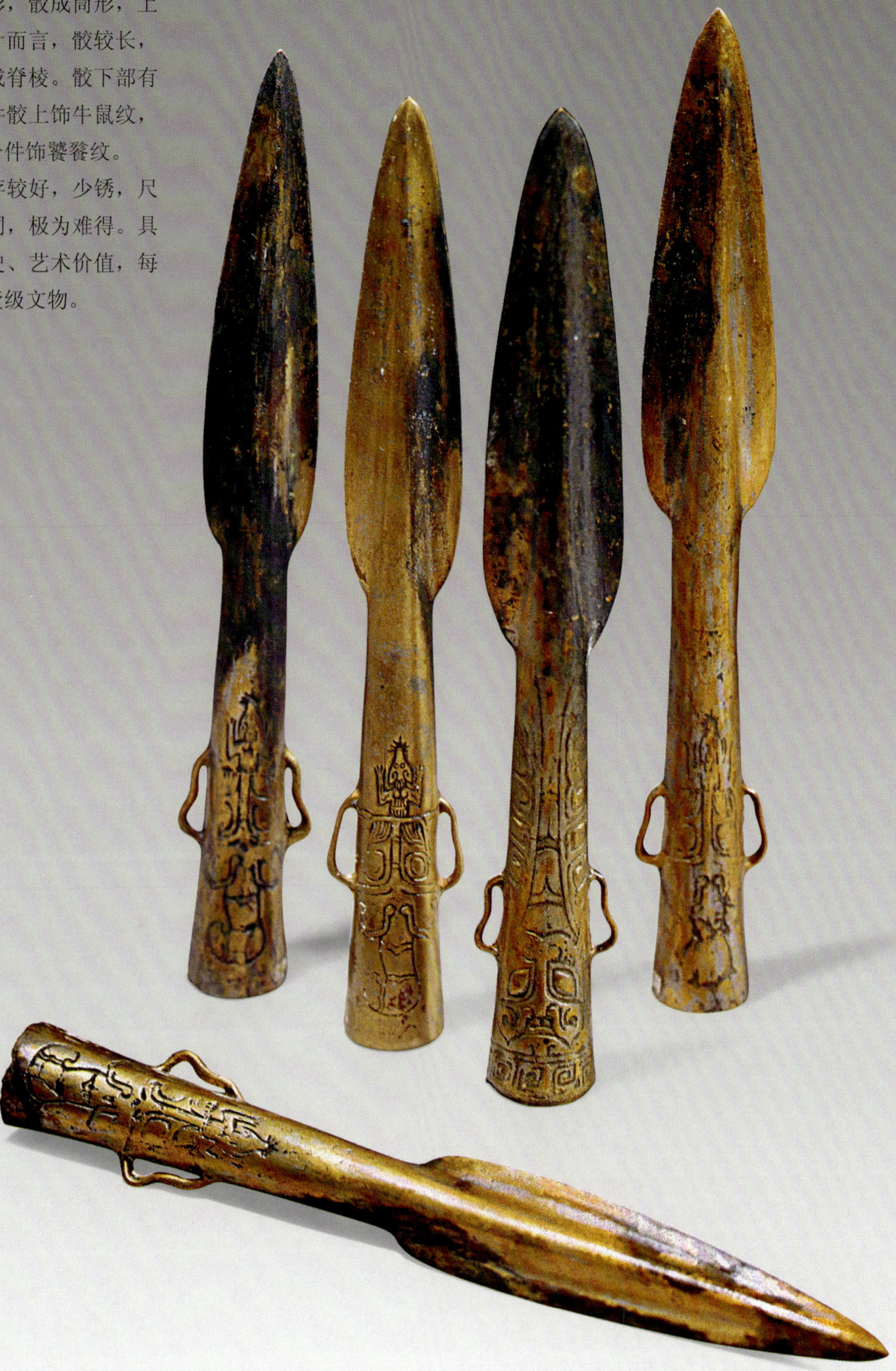

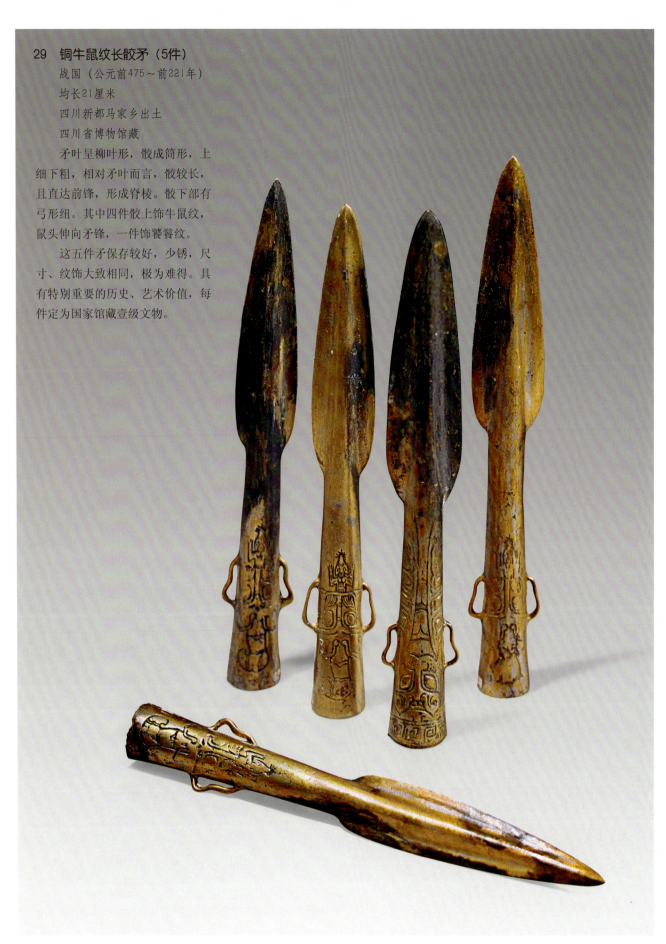

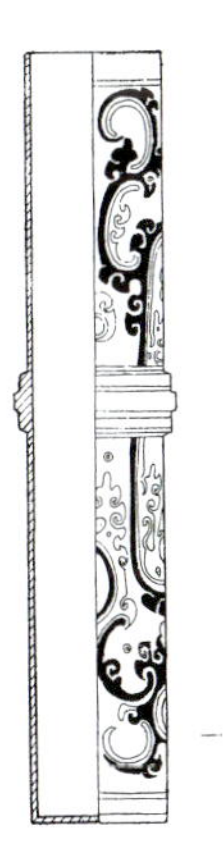

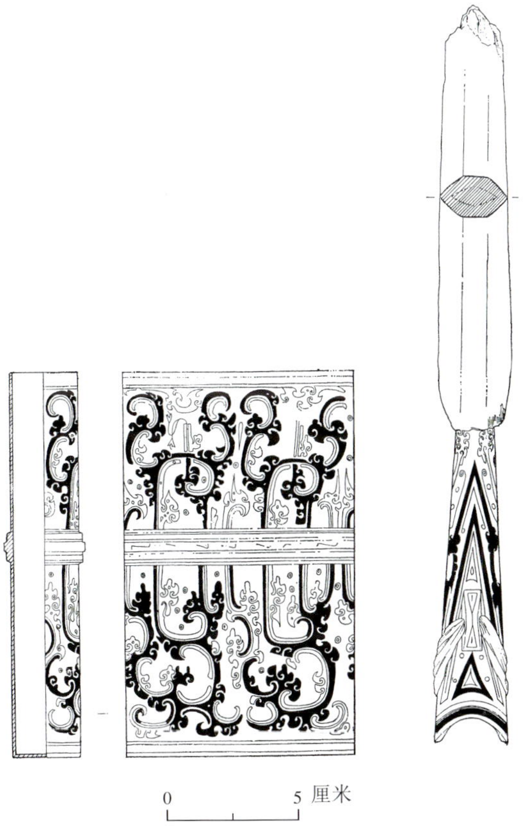

0　5 厘米

30　铜骹错金银铁叶铜矛（附铜镦）

西汉早期（公元前206～前141年）

通长27.3、骹筒径2.6厘米

广东省广州市南越王墓出土

广州南越王墓博物馆藏

此矛铁叶铜骹，矛叶上还套有鞘。鞘为竹制，外缠丝织品，并用漆髹饰。因鞘与铁矛锈蚀粘连，铁矛的形制不清。铜骹较长，骹筒下粗上细，上端开有扁长卯孔，矛身后有直榫插入卯孔中并加以固定。骹筒下口两侧高中间内凹呈弧形。骹口附近有一半环纽，纽内残存丝质缨系。骹筒上金银错三角纹和流云纹，铜镦呈圆筒形，平底。中部偏上有一道凸棱。镦上金银错流云纹。由木制残痕观察，矜柄为积竹法做成。

这件铁矛装饰华美，与墓主为诸侯王的身份吻合。具有特别重要的历史和艺术价值，两件一套，定为国家馆藏壹级文物。

31 **玻璃矛**

西汉（公元前206～25年）

通长18.8厘米

湖南省长沙市出土

湖南省博物馆藏

为窄叶矛式。矛的两从凹下成血槽，使中脊粗大而突出。两刃斜直。骹呈圆头锥形，中部有一粗大膨起的球体。此矛是将骹的后段插入矜（柄）中使用的。球体起阻止矛头向后滑脱的作用。通体呈青蓝色。

在西汉时期，以玻璃制作的器物并不多见，而且多是容器，以玻璃制作的兵器更为罕见。这件矛头制作精细，表面经悉心打磨，当为仪卫或防身用兵器，极为珍贵。具有特别重要的历史、科学价值，定为国家馆藏壹级文物。

32　铜蛙形矛

西汉（公元前206～25年）

通高17厘米

云南省晋宁县石寨山西汉墓出土

云南省博物馆藏

矛叶宽肥，几乎近似等边三角形。两刃略弧，前锋圆钝。矛叶的后部铸饰蛙的后腿。骹筒铸饰蛙的头身两弓曲的前腿形成矛耳。构思奇巧。整体造型像一只青蛙伏在矛上，前足抱住骹筒口，后脚托住矛叶。

此矛上蛙的形象惟妙惟肖，展示了古滇国匠师高超的铸造技艺和滇文化的魅力。以蛙为造型的矛在云南古滇国的文化遗物也很少见。具有特别重要的历史、艺术价值，定为国家馆藏壹级文物。

33 **铜悬俘矛**

西汉（公元前206～25年）

通长30.5厘米

云南省晋宁县石寨山滇墓出土

云南省博物馆藏

矛叶呈窄长三角形。两边刃较直，向前收成尖锋。中部较厚，但无明显的脊棱。矛叶的两下角平直。骹筒较长，下粗上细。偏上部两面各有一长椭圆形钉孔。在矛叶两下角各有一孔，孔内穿铜丝，各吊一个铜铸人形。铜人长发披散，赤身裸体，被倒剪双臂吊在丝环之上，当为战败被俘之人。

这件铜矛造型奇特，很少见到，是不可多得的艺术珍品，也是研究古代滇文化的重要资料。具有特别重要的历史价值和艺术价值，定为国家馆藏壹级文物。

34 玉神人兽面纹钺（附钺柄首饰、柄末饰）

新石器时代 良渚文化（约公元前3300～前2200年）

钺通长17.9厘米，刃宽16.8、厚0.8厘米；柄首宽8.4、厚1.35、高3.6～4.7厘米；柄末（镦）宽8.3、厚2.3、高2.8厘米

浙江省余杭雉山村反山12号墓出土

浙江省文物研究所藏

整体呈风字形，弧刃，两刃角外撇，近本部琢一小圆孔。玉色浅青，有绿色络及褐色斑，全器琢磨光洁，上刃角处用减地凸雕及细线琢刻手法琢神人兽面纹，神人头戴羽冠。下刃角琢刻一鸟。纹饰细若发丝。同时出土了钺柄首饰和柄末端饰，惜木柄朽毁。柄首前高后低，平面呈长椭圆形，中有卯孔。土黄色。柄末（镦）侧视呈凸字形。上有榫头。挖琢有卯孔，两侧有销孔。

这件玉钺与同期玉琮上的纹饰酷似，琢刻精细，为近年考古发掘首见。为探索原始社会的社会形态提供可贵的资料。具有特别重要的历史价值、艺术价值和科学价值，全套按一件计，定为国家馆藏壹级文物。

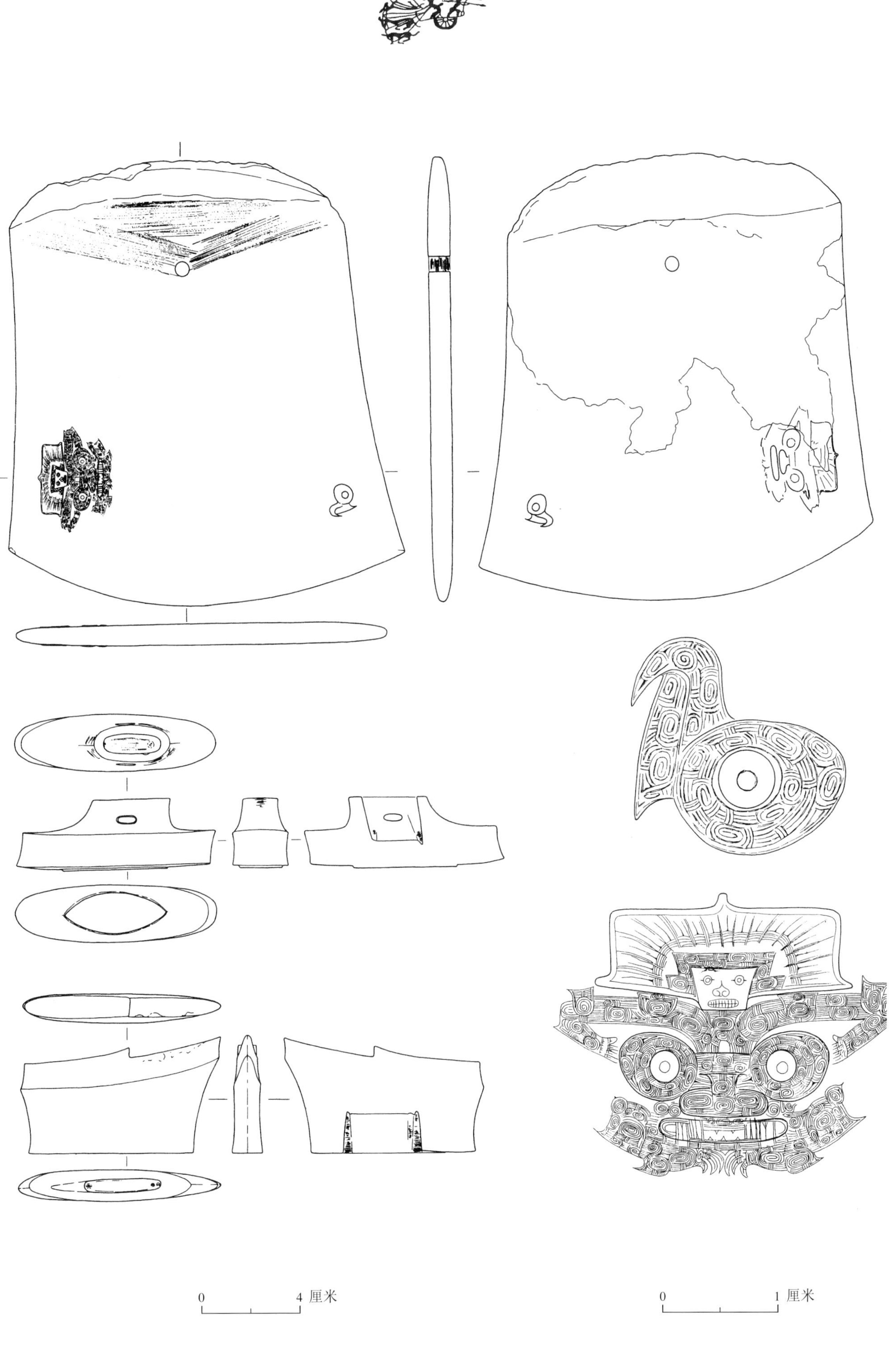
0 4 厘米
0 1 厘米

35 玉钺

夏代（公元前2070～前1600年）

长21、刃宽23、厚1.5厘米

河南省偃师市二里头遗址墓葬出土

河南省偃师市博物馆藏

钺的整体略呈方形。援的中部有一个直径4.6厘米的圆孔，两侧各有6个凸齿，两两对称。刃呈连弧形，两刃角外侈，无内。青白色，玉质尚佳。

这件玉钺琢制精良，工艺水平高，存量极少，又是考古发掘品，为探索夏代历史和文化的珍贵资料之一。具有特别重要的历史价值和艺术价值，定为国家馆藏壹级文物。

36 铜夔纹钺

商代前期（公元前1600～前1300年）

高40.5、刃宽25.5厘米

湖北省黄陂县盘龙城李家嘴2号墓出土

湖北省博物馆藏

钺身与内区分明显。钺身较大，中间有一大圆孔。平肩弧刃，如风字形。靠肩部开两个长条形穿。本部及圆孔两侧饰带状夔纹。钺的内部细窄成长条形，光素无纹饰。

这件铜钺为同类兵器中时代较早者。钺的内部窄长。援部中心有一大孔，本部及两侧的装饰花纹呈条带状，无地纹，展示了二里冈文化时期的特点。也为探讨商王朝的疆域提供了线索。具有特别重要的历史、艺术价值，定为国家馆藏壹级文物。

0
10 厘米

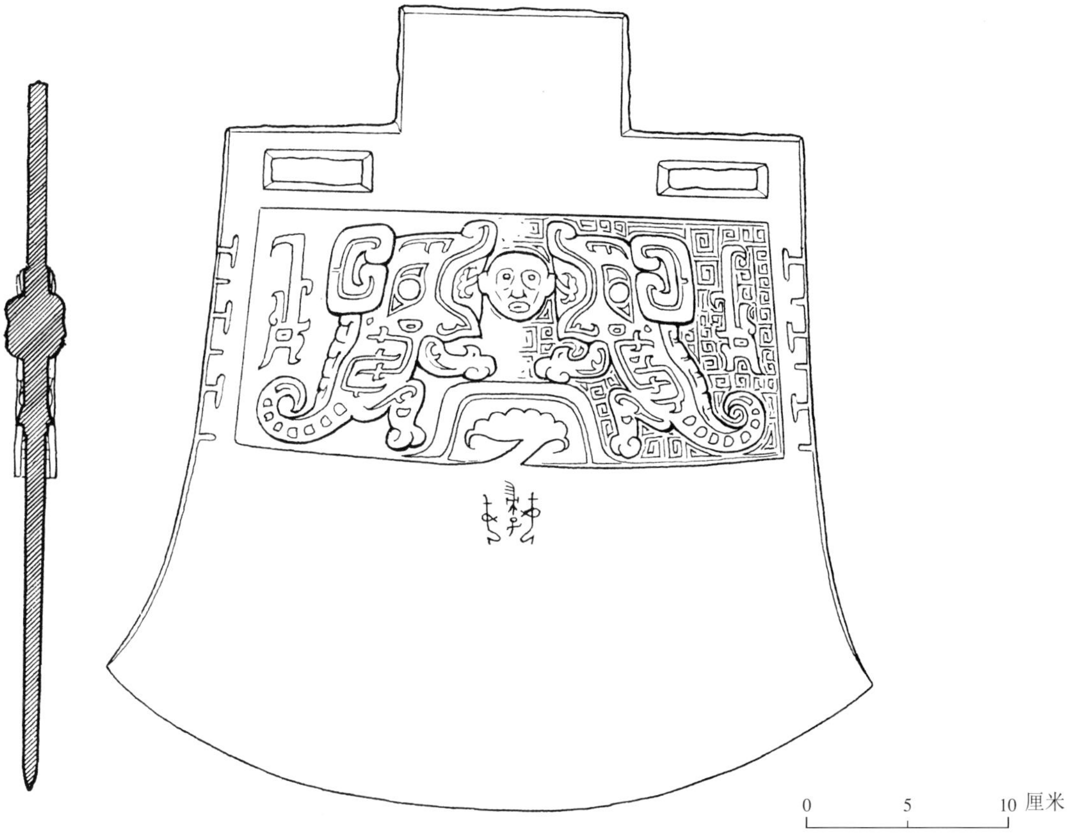

0 5 10 厘米

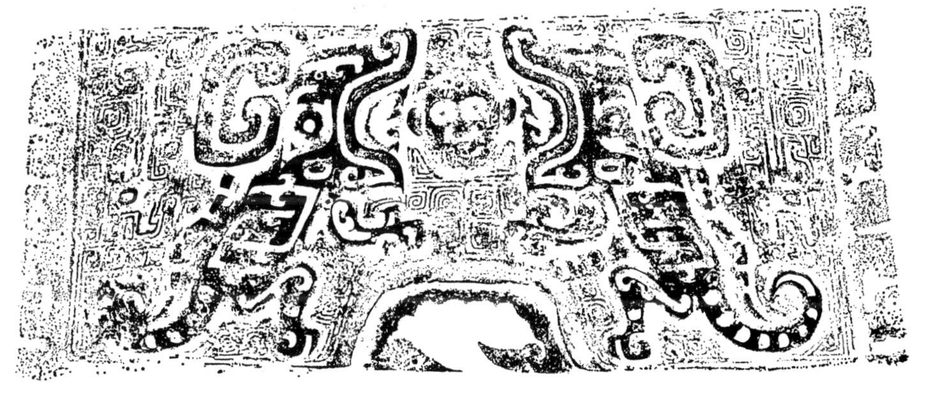

0 5 厘米

37 铜“妇好”钺

商代后期（公元前1300～前1046年）

高39.5、刃宽37.5厘米

河南省安阳市小屯“妇好”墓出土

钺身宽大，平肩弧刃，两侧铸出扉棱。刃角外侈，惜一角略有残损。靠肩部开有两个长条形穿。钺身上部铸饰双虎噬人主纹，云雷纹衬地。虎纹大头小身，张巨口，人头纹凸出，摄人心魄。纹饰的下部正中铸有“妇好”二字铭文。内部方折，较粗短，素面。

此钺以形体巨大见著，重达9千克，为仪卫兵器，不能用于实战。器主“妇好”乃殷王武丁的嫔妃，生前尚武，曾带兵征战。1976年，此钺与许多青铜重器一同在殷墟妇好墓出土。具有特别重要的历史、艺术和科学价值，定为国家馆藏壹级文物。

0　　10 厘米

38　铜透雕人面纹钺

商代后期（公元前1300～前1046年）

通高31.8、刃宽35.8厘米

山东省青州市苏埠屯大墓出土

山东省博物馆藏

钺身横宽，平肩。刃微微弧凸，两刃角略外展。靠肩部开两个条形穿，近本部有突起的阑。钺身透雕人面纹。人面的眼、口、耳透雕镂空，从而使铸出的长眉、鼻、齿更为突出，像在狞笑。内短宽，光素无纹。

此钺形体硕大，以透雕的人面纹为特征。与一件有“亚醜”铭文的大钺同出，透雕的人面有一种让人生畏的狞厉之美。具有特别重要的历史、艺术价值，定为国家馆藏壹级文物。

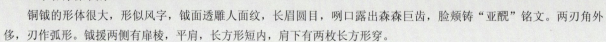

39 铜“亚醜”钺

商代后期（公元前1300～前1046年）

长32.7、刃宽34.5厘米

山东省青州市苏埠屯大墓出土

山东省博物馆藏

铜钺的形体很大，形似风字，钺面透雕人面纹，长眉圆目，咧口露出森森巨齿，脸颊铸“亚醜”铭文。两刃角外侈，刃作弧形。钺援两侧有扉棱，平肩，长方形短内，肩下有两枚长方形穿。

这件铜钺花纹十分特别，“亚醜”铭文当与墓主有关，形体大，保存好，历史的信息量大。具有特别重要的历史、艺术价值，定为国家馆藏壹级文物。

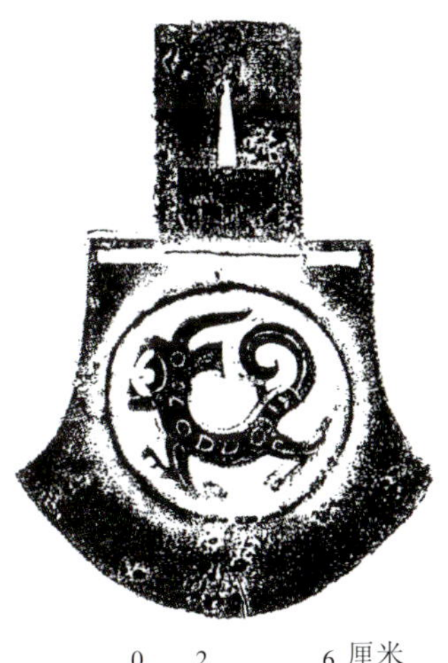

40 铜透雕龙纹钺

商代后期（公元前1300～前1046年）

通长17厘米

陕西省城固县五郎庙出土

陕西省城固县文化馆藏

钺身呈风字形，平肩弧刃，刃角外展较大。近肩处有两个条形穿，有凸起的阑。最突出的特点，是在钺身正中开一大圆孔。孔周边起凸棱。孔内透雕一龙纹。龙伸颈卷尾，口张如箕，长角巨爪，身饰鳞甲纹。长方形内，内上有一窄长三角形穿。

此钺形体不大，可以用于实战，但就钺本身就是一种象征权势的兵器，非一般人所能拥有。另外这件铜钺兼有一些巴蜀文化的特点。具有特别重要的历史和古民族学价值，定为国家馆藏壹级文物。

41 铁刃铜乳钉纹钺

商代后期（公元前1300～前1046年）

残长11.1厘米

河北省藁城县台西遗址出土

河北省文物研究所藏

钺身略成长方形。靠基部的一段，连同阑，内为青铜铸制。上、下阑凸出钺身，靠阑处铸饰两排乳钉纹。内呈长方形，比身窄，正中有一圆形穿。钺身接铸铁刃，已锈蚀。经仪器检测，为陨铁，非人工冶炼。

此钺形制常见，贵重在铁刃上，是我国最早使用铁（陨铁）铸造用器的例证之一。在商代的兵器中，极为罕见。具有特别重要的历史、科学价值，定为国家馆藏壹级文物。

42　铜三孔管銎钺

商代后期（公元前1300～前1046年）

通长18、宽14厘米

传陕西省榆林市出土

首都博物馆藏

钺身较短宽，中间并列三个圆孔，孔周有凸起的棱缘。两刃角向后卷曲，形似云朵，使刃部愈显弧凸。钺身接铸管状銎，銎口椭圆。銎筒由下而上渐细，外表铸四道箍棱。靠中间的两道箍棱上开长方形孔。箍棱上，箍棱之间饰绳直纹、网格纹、锯齿纹等。在銎筒正中，与钺身相对处立铸一铃，铃的上下各铸一小兽。

此钺与中原的铜钺造型大不相同，具鲜明的北方草原牧猎民族的风格。铸造精美，存量极少。在历史学、古民族学及艺术史方面，都具有特别重要的价值，定为国家馆藏壹级文物。

43 **玉饕餮纹斧**

商代后期（公元前1300～前1046年）

通高10、体厚2.6厘米

河南省安阳市小屯"妇好"墓出土

中国社会科学院考古研究所藏

玉斧为碧玉琢成，呈深绿色。斧身作長方形。上段较厚，两面各琢刻一个大饕餮纹，兽面口朝下，卷角、大眼、阔鼻。下段渐薄，琢成斧刃，斧刃略弧凸。斧内呈長方形，薄于斧身。靠根部琢一个对钻而成的圆穿。

这件玉斧琢制的花纹精美，艺术性高。具有特别重要的历史、艺术价值，定为国家馆藏壹级文物。

44 铜龙虎纹钺

商代后期（公元前1300～前1046年）

通长34.3、刃宽23厘米

征集品

湖南省博物馆藏

其特点是钺身、銎、内全都具备。钺身上下边弧曲，两刃角外展，刃弧凸。近本部铸饰方形夔纹。身后有銎，銎上错置两对方形钉孔。銎的顶部饰虎纹，虎张口卷尾。内接铸在銎后，透雕变形龙纹。龙睛为一圆形穿孔。

此钺体型修长，纹饰富于变化。且有与中原商钺不同的特点。具有特别重要的历史、艺术价值，定为国家馆藏壹级文物。

45 **铜七孔管銎钺**

商代后期（公元前1300～前1046年）

通长16、宽8厘米

青海省湟源县出土

青海省文物考古研究所藏

钺身短宽，刃圆弧，两刃角翻卷，与銎相连，成两个半月形孔。钺身本部并列开五个圆形穿孔，孔沿鼓起突棱。钺身后接铸銎筒，銎筒上细下粗，突起三道竹节状凸棱。下端一侧有两个钉孔。

这种铜钺具西北古代民族兵器特色，具有特别重要的历史及民族学价值，定为国家馆藏壹级文物。

46 铜“康侯”斧

西周早期（公元前1046～前977年）

长10.2、宽6.8厘米

传世品

故宫博物院藏

斧身呈圆角方形，周边为刃。斧身接铸方筒形銎，銎口呈长方形，靠近銎口有凸棱一道，在一侧还有一半环形纽耳。銎由銎口向前渐扁，衔住斧身。在近斧身的銎上，铸阴文“康侯”二字。

史书记载，康侯为武王姬发之弟，名康叔，始封于河、淇，后为卫。此斧当为康叔或其子嗣之器。具有特别重要的历史价值，定为国家馆藏壹级文物。

47 铜人头銎钺

西周早期（公元前1046～前977年）

通长14.3厘米

陕西省宝鸡市竹园沟13号墓出土

宝鸡市博物馆藏

钺身呈长方形，两刃角外撇，刃为半月形。钺身两面装饰华美，铸饰兽面纹、蛇纹和虎头纹。刃两侧透雕回首虎纹。有上下阑，阑后接铸銎筒，銎口为椭圆形。銎后为方形短内。銎筒和内上的纹饰与钺身连为一体。人头形銎与钺分体，人面朝向钺刃，大耳小鼻，下颏前突，发辫垂至脑后。颈侧开方形钉孔。

这件铜钺以花纹瑰丽，铸造精良为特点，具有特别重要的艺术价值。同时反映了西周时期的青铜铸造水平，在自然科学史上也有一定地位。具有特别重要的历史及科学价值，定为国家馆藏壹级文物。

48 铜半环形虎纹钺

西周早期（公元前1046～前977年）

通长23厘米

甘肃省灵台县白草坡墓葬出土

甘肃省博物馆藏

整体形如半轮秋月。钺身弯弧，突出部分为刃，勾回部分为銎，外饰虎头纹。虎暴睛张口。钺身与刃相对的背部，铸突起的虎身。与头相比，虎身较小，纹饰简约。下端弯折，一边有刃，另一边有阑。阑侧开两个长条形穿。

此钺与商代铜钺形制迥然不同，为西周所特有，同时带有鲜明的西部古代民族的特征。此类钺的出土地点不仅限于我国的西部，河南、山东也曾出土过。具有特别重要的历史、艺术价值，定为国家馆藏壹级文物。

49 **铜夔龙纹管銎戚（或称钺）**

西周（公元前1046～前771年）

通长17.7厘米

河北省邢台市葛家庄西周墓出土

河北省文物研究所藏

此器为仪礼所用兵器。援两面铸有夔龙纹、虎纹、蛇纹、阴线目纹等。刃部圆弧，两刃角外侈，呈月牙状。援的上下两边侧各透铸一回首夔龙纹，夔龙的长尾伸向刃角。长方形内，内后端两度内弧，形成三尖齿状。内和援之间有圆筒形銎，銎上连铸象鼻形籥，还有一方形孔，以销钉固定戚柄。内上和銎上也铸饰花纹。

这件青铜戚是西周兵器中的精品，尤以铸饰华美见长。具有特别重要的历史、艺术价值，定为国家馆藏壹级文物。

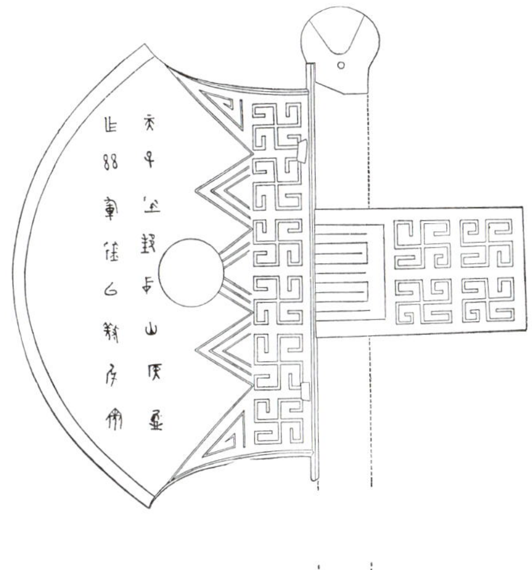

0　5 厘米

50　铜“中山侯”钺

战国中晚期（公元前4世纪初～前221年）

通长29、刃宽25.5厘米

河北省平山县三汲镇中山王墓出土

河北省文物研究所藏

钺身呈横长方形，正中有大圆孔。两刃角外侈，锋刃圆弧。钺身的后部有阑，阑左右宽于钺身。靠近阑部开两个长条形穿。援的本部饰勾连纹，勾连纹下饰三角形纹饰。内呈窄长方形，前段饰纵长方形线纹，后段饰勾连纹。钺身有铭文十六字：“天子建邦，中山侯㥜，作兹军钎（钺），以敬（警）厥众”。

铜钺在商代最为常见，西周中晚已逐渐减少。到了战国在中原已近绝迹，所以此钺更显珍贵。它虽不及商钺厚重，但铸造精良，铭文清晰，为中山侯用器。具有特别重要的历史价值，三件一体，定为国家馆藏壹级文物。

51　**铜靴形钺**

战国（公元前475～前221年）

刃宽12.4、高9.5厘米

湖南省衡阳市霞流出土

湖南省博物馆藏

整体呈靴形。钺刃方折，一刃角长而上翘，形成向上伸出的锋尖。另一刃角方折。銎筒与钺身斜直相接。銎口呈椭圆形，周边有突起的唇棱。近銎口处，前有一钉孔，后有一半环形纽。钺身两面铸饰花纹。一面在栉状框线内铸6人，其中一人高大，腰佩剑，其余五人或立或跪或坐，有的举剑，有的双臂伸开。人物前、后各有一不知名图案。另一面也有一高大人物形象，此人前后有几何折曲图案。

此钺形制特殊，从形状、纹饰看，应为越人遗物。钺上纹饰为研究越人服饰、习俗有重大意义。具有特别重要的历史价值，定为国家馆藏壹级文物。

52　铜鸟头形戚（2件）

战国（公元前475～前221年）

通长18厘米

云南省呈贡县天子庙出土

昆明市文物管理委员会藏

戚造型奇特，形似鸟头。长而直的銎筒似鸟的头颈。銎口呈椭圆形，上端突起一圆，圆外饰栉齿同心圆纹，为鸟眼。下部饰漩纹、蛇纹和点线纹。銎筒上端一侧伸出二横枝，横枝一大一小，前段均向下勾弯，至前端有钺形刃。像鸟半张的喙。与喙相对的一侧为花形短内，似鸟冠。它展示了古代滇国文化的艺术魅力，两件同时出土更为难得。具有特别重要的历史、艺术价值，每件定为国家馆藏壹级文物。

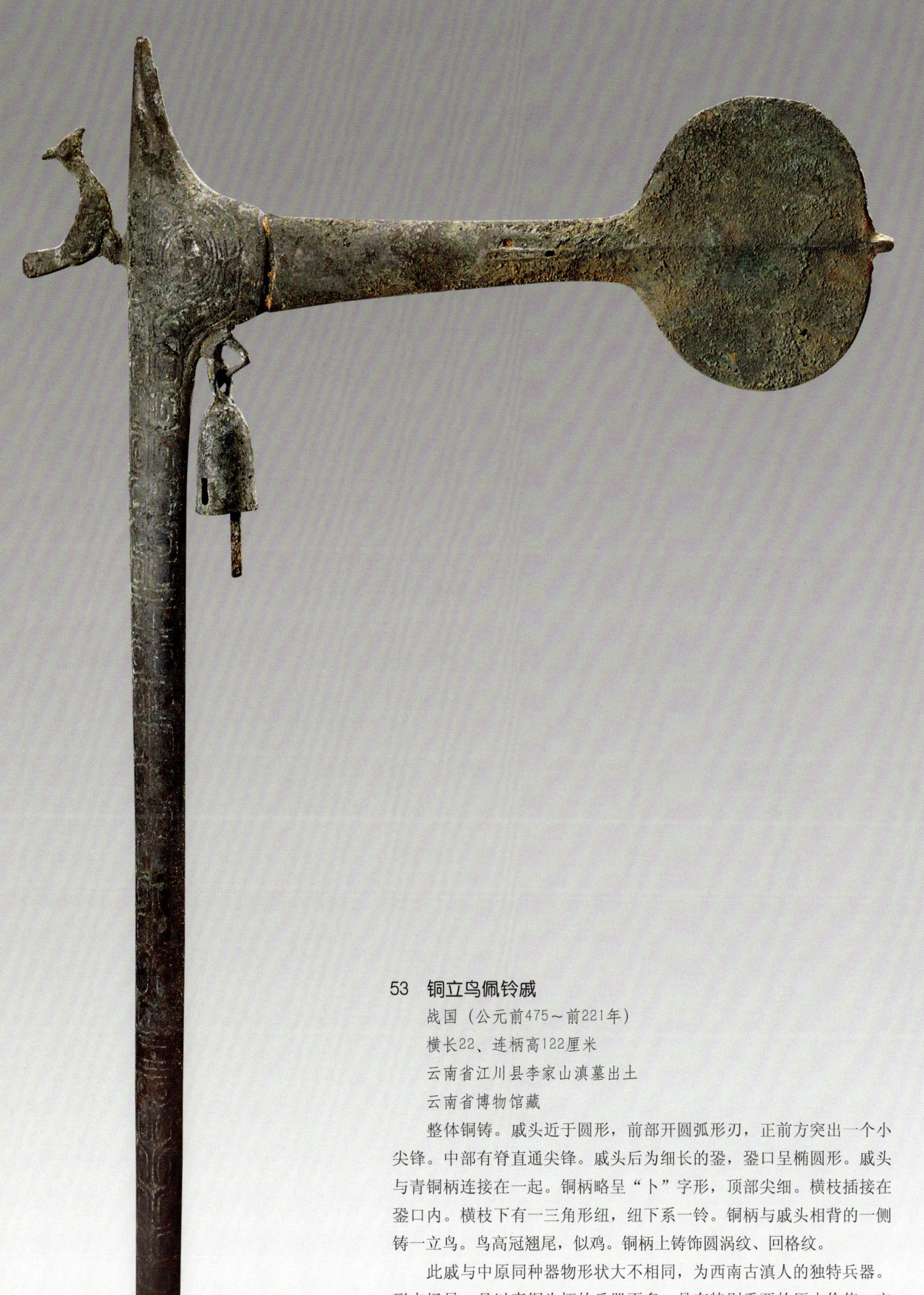

53　**铜立鸟佩铃戚**

战国（公元前475～前221年）

横长22、连柄高122厘米

云南省江川县李家山滇墓出土

云南省博物馆藏

整体铜铸。戚头近于圆形，前部开圆弧形刃，正前方突出一个小尖锋。中部有脊直通尖锋。戚头后为细长的銎，銎口呈椭圆形。戚头与青铜柄连接在一起。铜柄略呈“卜”字形，顶部尖细。横枝插接在銎口内。横枝下有一三角形纽，纽下系一铃。铜柄与戚头相背的一侧铸一立鸟。鸟高冠翘尾，似鸡。铜柄上铸饰圆涡纹、回格纹。

此戚与中原同种器物形状大不相同，为西南古滇人的独特兵器。形态怪异，且以青铜为柄的兵器不多。具有特别重要的历史价值，定为国家馆藏壹级文物。

54 铜猴蛇纽钺

西汉（公元前206～25年）

长14.5厘米

云南省晋宁县石寨山滇墓出土

云南省博物馆藏

钺身扁宽，两刃角外展特甚，钺刃呈大圆弧形。銎筒下粗上细，銎口呈椭圆形。銎筒的一侧，铸饰一猴，俯身长尾，猴头昂起，口中又衔一蛇。以猴为纽，生动有趣。銎筒上饰旋纹、齿纹、同心圆纹。上部有菱形方格纹组成的三角纹直伸向钺身。

此钺出自滇国墓葬，具有鲜明的古滇文化特征。造型以钺刃宽展为特点，以猴衔蛇为纽构思奇巧。具有特别重要的历史、艺术价值，定为国家馆藏壹级文物。

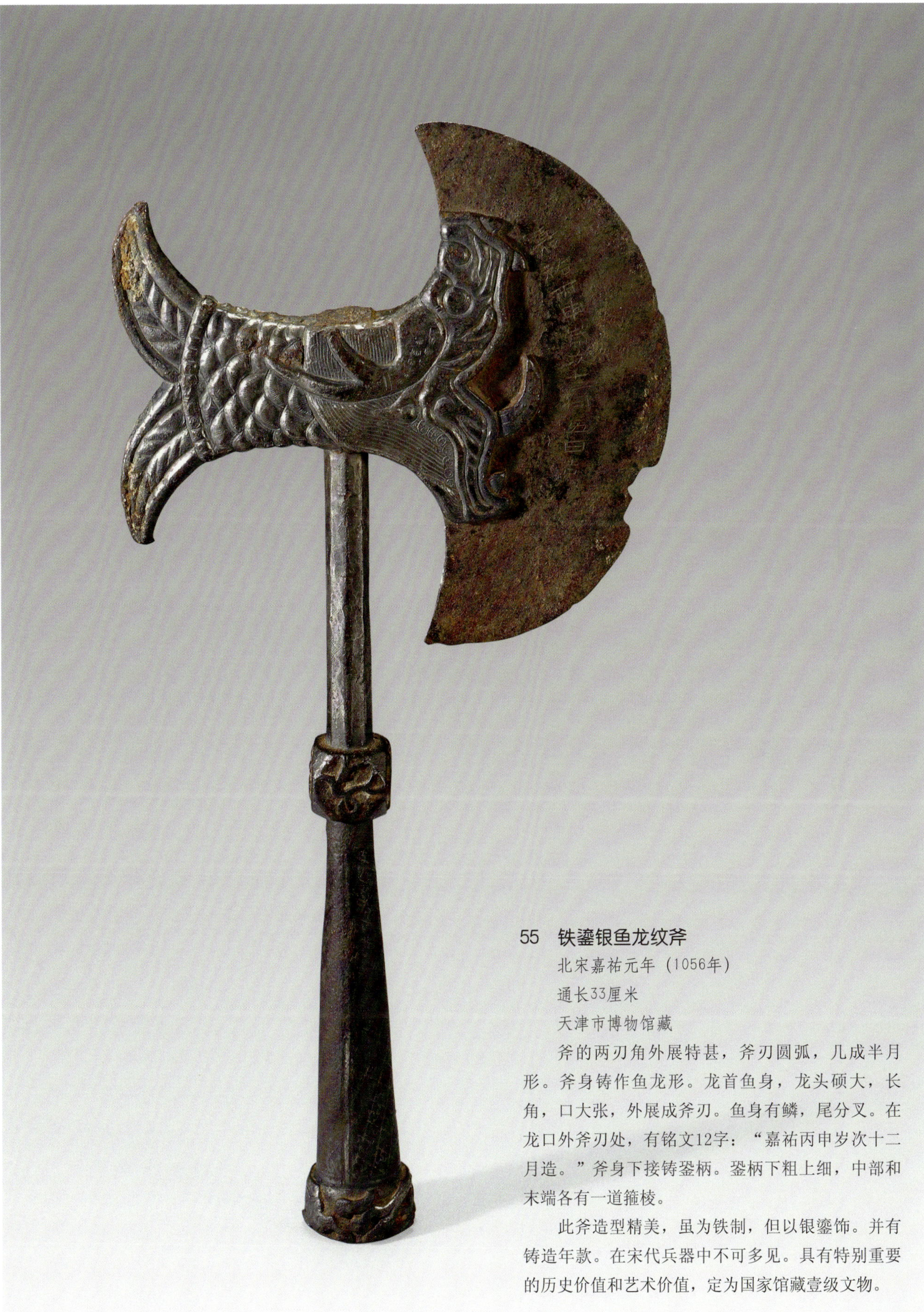

55 **铁鎏银鱼龙纹斧**

北宋嘉祐元年（1056年）

通长33厘米

天津市博物馆藏

斧的两刃角外展特甚，斧刃圆弧，几成半月形。斧身铸作鱼龙形。龙首鱼身，龙头硕大，长角，口大张，外展成斧刃。鱼身有鳞，尾分叉。在龙口外斧刃处，有铭文12字："嘉祐丙申岁次十二月造。"斧身下接铸銎柄。銎柄下粗上细，中部和末端各有一道箍棱。

此斧造型精美，虽为铁制，但以银鎏饰。并有铸造年款。在宋代兵器中不可多见。具有特别重要的历史价值和艺术价值，定为国家馆藏壹级文物。

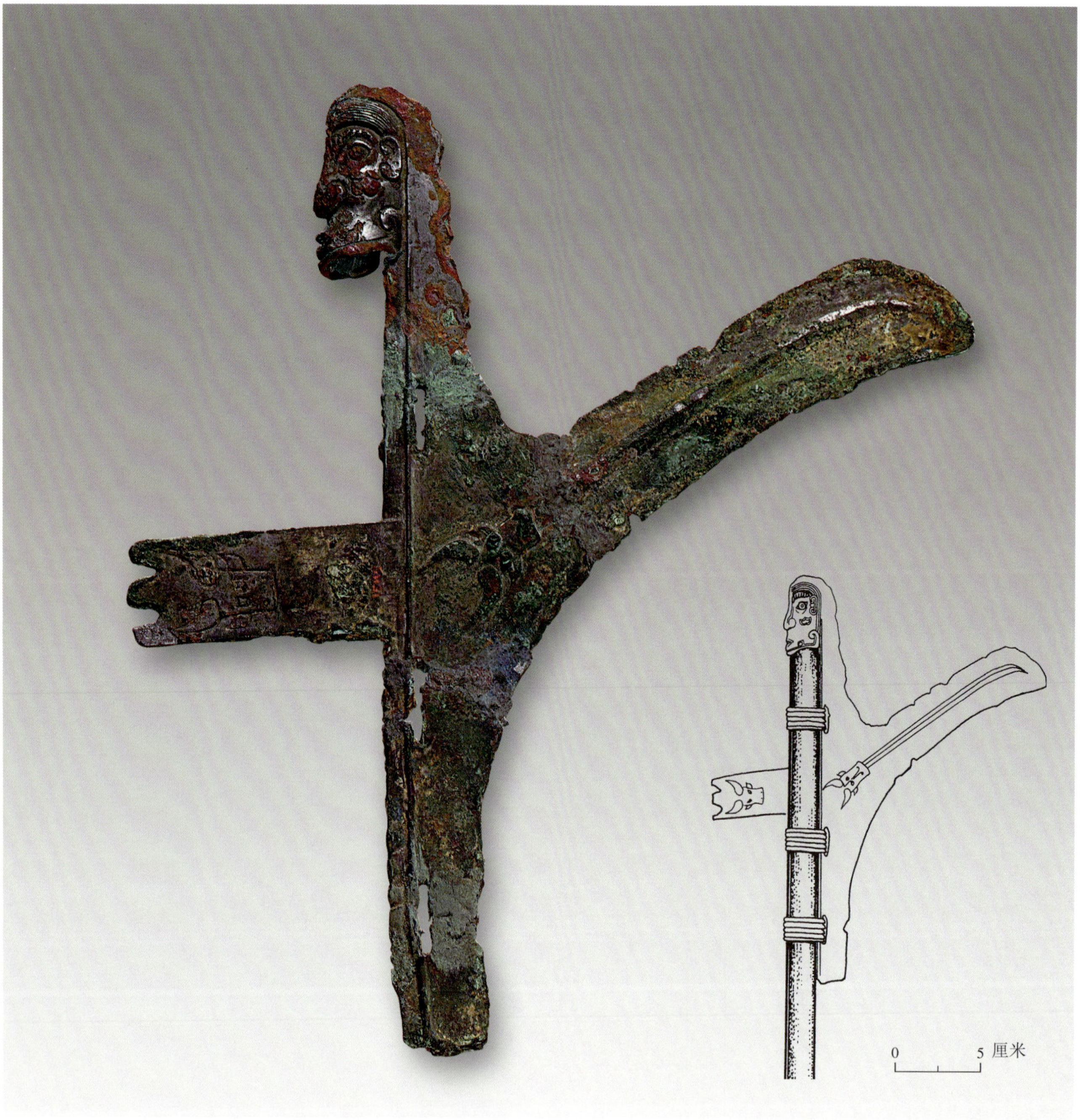

56 **铜人头形銎戟**

西周早期（公元前1046～前977年）

通长25.2厘米

甘肃省灵台县白草坡墓葬出土

甘肃省博物馆藏

戟援上昂，前锋下垂。中部有突起的脊棱。胡甚长，阑突起，阑侧有三个长条形穿。戟刺上端呈人头形，面朝后，宽鼻大眼，披发卷须，吻部前突。颌下中空，为椭圆形銎口，以纳戟柲。内呈长方形，末端有两个缺口。在戟援的基部铸饰一牛头，内的后段阴刻牛头纹，与戟援浮雕牛头形状相似。

十字形戟是西周戟的主要形制。此戟是这类戟中较早者；戟篇铸成人头形，少见。援上饰牛头纹，可能是族的标识。具有特别重要的历史、艺术价值，定为国家馆藏壹级文物。

0 5 厘米

57 铜“黄成”戟

春秋晚期（公元前571～前476年）

通长27.6、援长16.7厘米

山西省太原市金胜村赵卿墓出土

山西省考古研究所

戟援后段窄而上昂，前段渐宽而向下弧曲，再向前收成尖锐的前锋。援的中脊随戟援也作弧线形。长胡，有阑，阑侧三穿。内甚长，末端如刀，三面均开刃。援的中部开一长条形穿。在戟援的基部有铭文“黄成”二字。

此戟未见戟刺，从同出的其他戟看，当为短体矛形。据考，先秦时期，“成”与“城”通用，“黄成”即“黄城”。印证史籍所载“黄城”的资料。东周时期，“黄城”先属晋，后属赵、属魏。此戟具有特别重要的历史价值，定为国家馆藏壹级文物。

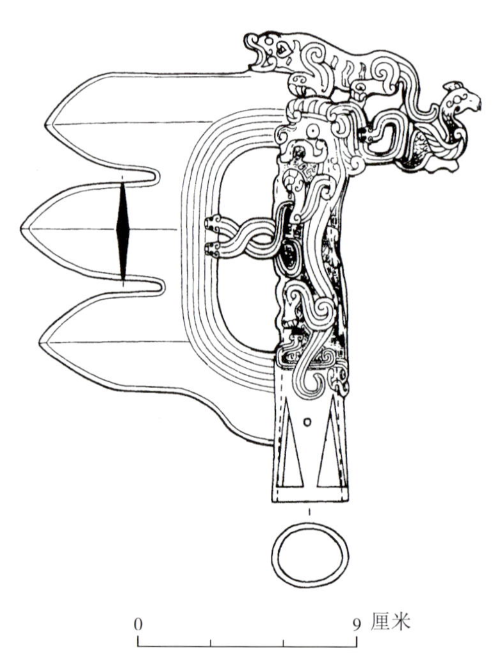

58 铜钺形戟

春秋（公元前770～前476年）

宽18.5、高19.7厘米

河南省叶县旧县4号春秋墓出土

叶县文物局藏

戟身较宽，前部并列平出三个戈头。戈头较短，截面呈菱形，前锋呈三角形。近本部开半圆形透孔。銎较长，銎口呈卵圆形。銎顶有一圆铸伏虎，虎张口卷尾。虎身下有一条蟠蛇，虎尾下有一反向翔凤。銎身饰夔龙、蟠蛇纹，云雷纹衬地其中二蛇呈“8”字形绞缠，将銎与戟体连接在一起。伏虎、翔凤、蛇纹透雕镂空。

这件钺形戟造型特别，纹饰华美。其墓主为许公宁。具有特别重要的历史、艺术价值，定为国家馆藏壹级文物。

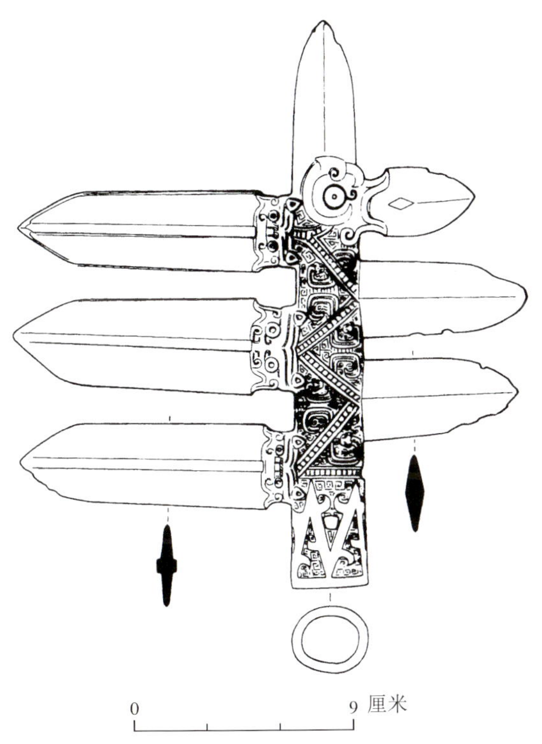

59　铜六戈形戟

春秋（公元前770～前476年）

宽22.2、高23.5厘米

河南省叶县旧县4号春秋墓出土

叶县文物局藏

此戟銎较长，銎口呈卵圆形，上饰花形。銎顶出短剑形戟刺。銎左右并列平出三排六枚戈头，一边的较长，另一边的较短。长的三枚形状、尺寸相同，中脊粗壮，前锋呈三角形。短的三枚，最上的一枚甚短，中、下两枚尺寸相当。断面呈菱形。较长的三枚戈头及銎上端铸兽面纹，兽面张口衔住戈头。銎中部饰两对四条蟠蛇纹并加饰折带纹，下段饰三角纹。

这件戟与同时代的其他戟形制大相径庭，特别是六枚戈头作三排并列的形制少见。加之出于许公宁墓中，时代明确，墓主地位高。具有特别重要的历史、艺术价值，定为国家馆藏壹级文物。

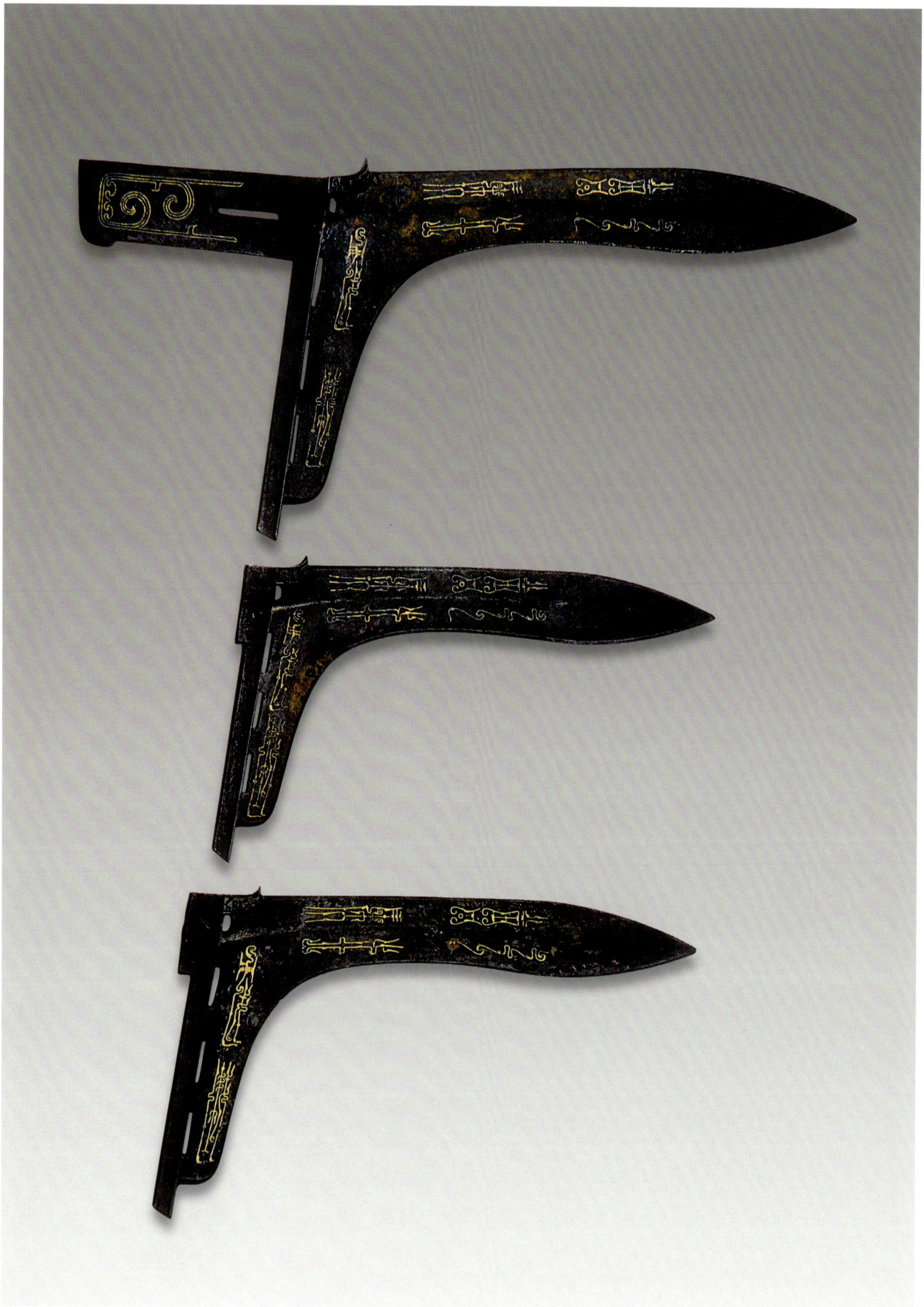

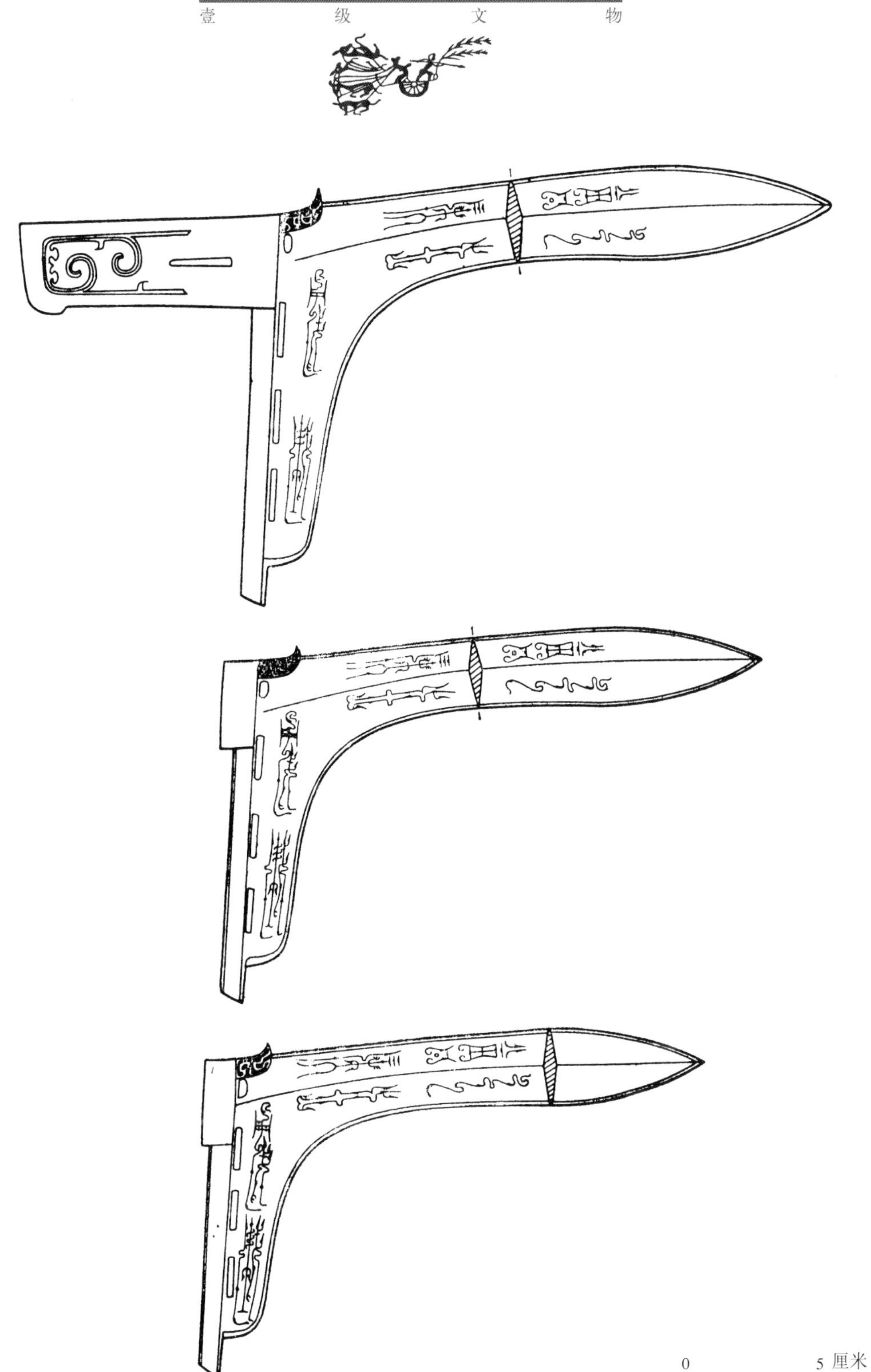

60 铜“曾侯乙”多果戟

战国早期（公元前475～前4世纪初）

上件通长29.9、中件通长18.7、下件通长17.2厘米

湖北省随州市曾侯乙墓出土

湖北省博物馆藏

出土时三件铜戈装在一根积竹柲上，故称多果戟。三戈形制相似，均为四穿长胡戈。上戈戈援较长，上下刃略有弧曲，向前收成尖锋，中部有脊，但不甚凸显。胡较长，有阑，阑侧四穿，一小三大。上刃近阑处有一向上突起的尖刺，刺上饰花纹，形如鸟翅。长方形内，内正中有一条形穿。内的后段饰云纹。中、下两戈略小，援后的内很短，几乎看不出来。三戈戈援及胡部有“曾侯乙之用戟”6字铭文，鸟篆书。三戈铸制精良，且为曾侯乙专用兵器。三戈联装且不装戟刺的戟柲为少见，具有特别重要的历史意义，三件一组定为国家馆藏壹级文物。

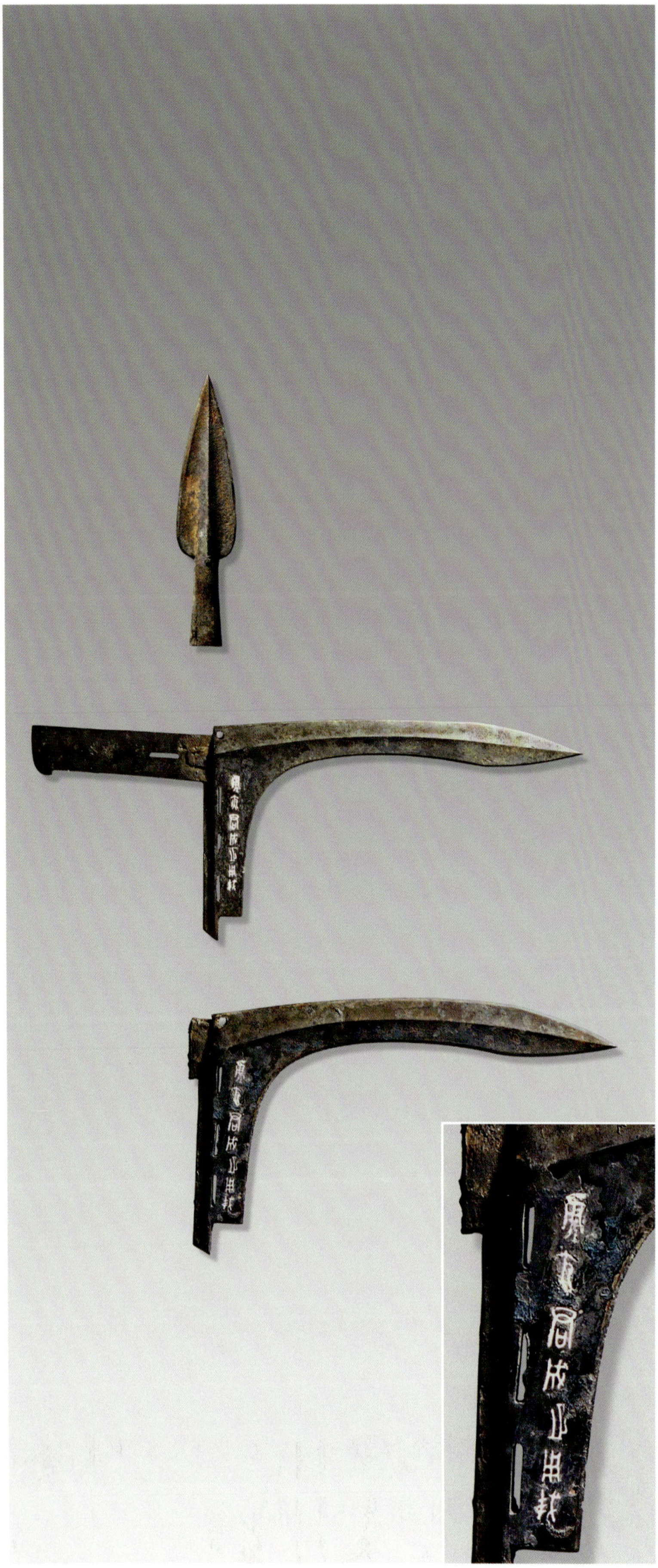

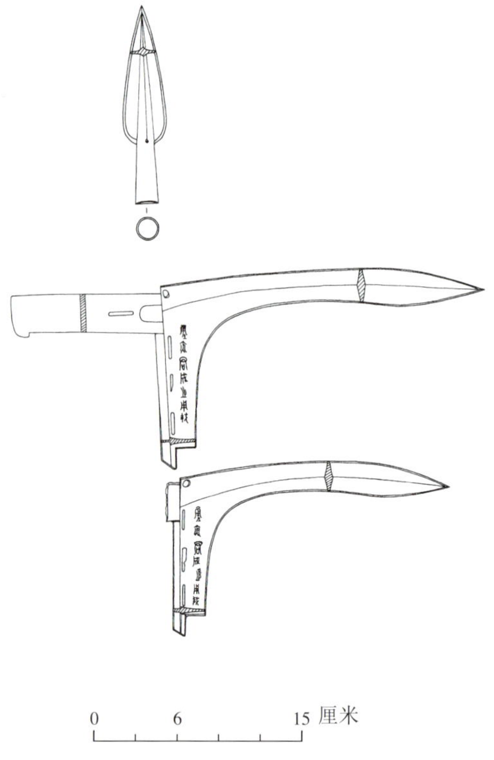

61 铜“平夜君”多果戟

战国中期（公元前4世纪初～前4世纪末）

矛长14.1、宽3.3、有内戈长34.4、无内戈长21.2厘米

河南省新蔡县葛陵村楚墓出土

河南省文物考古研究所藏

这件戟由矛和有内戈、无内戈组装而成。矛居上，呈柳叶形，薄刃有脊，短骹，上部有钉孔。有内戈居中，长援长胡长内，援起脊，近栏部四穿，长内上有一条形条。胡面阴铸铭文“平夜君成之用戟”7字。无内戈与有内戈形制相似，唯无内。胡上铭文与有内戈同。

这件多果戟的铭文昭示了原器主的国属。具有特别重要的历史价值，三件一组，定为国家馆藏壹级文物。

62 铜剑形刺戟

战国中晚期（公元前4世纪初～前221年）

通长34厘米

河南省南阳地区拣选

南阳市博物馆收藏

戟刺与戟援连铸在一起。戟援微微上翘，下刃弧勾，与前锋相交处形成棘突。援中间起脊棱。中胡，胡上突出两个棘尖。援后接铸戟刺，戟刺形如短剑，两刃较直，锐收成刺锋。中部起脊。刺下有銎，銎口呈椭圆形，戟内如钩，下部突出棘尖，戟的銎部饰变形蟠螭纹和垂叶纹。

此戟造型特异，在继承周代连铸戟的形制上有所变化。是不多见的精良兵器。具有特别重要的历史价值，定为国家馆藏壹级文物。

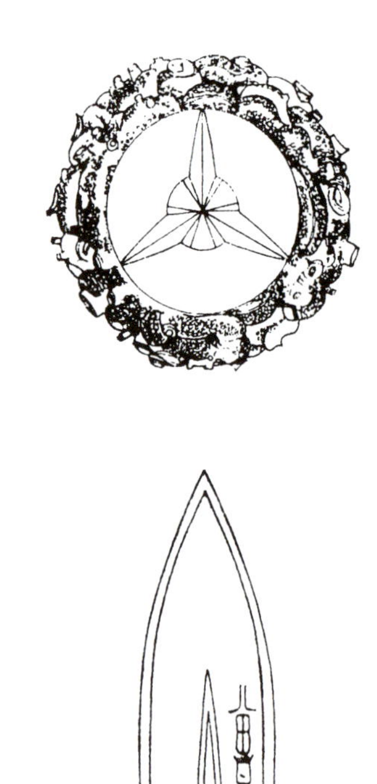

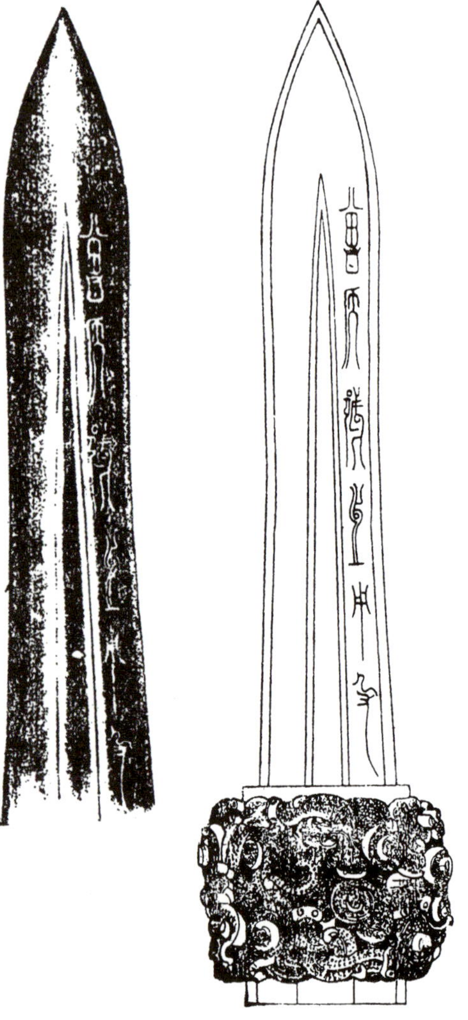

63 铜“曾侯郕”锐殳

战国早期（公元前475～前4世纪初）

通高17.6、刃长13.8厘米

湖北省随州市曾侯乙墓出土

湖北省博物馆藏

殳头由锋刺和筒组成。有三条锋利棱刃，棱刃中段略凹，向上略侈再收聚成前锋。锋刺后为銎筒，呈八棱形。外表浮雕盘绕的龙形饰。在刃的一侧，有篆书铭文“曾侯郕之用殳”6字。出土时安装有八棱状积木柄。在殳筒以下50厘米左右还套装一个青铜花箍，柄末装八棱形角质镈。

殳为砸击类兵器，为古代史籍所载，“五兵”之一。此殳连柄长3.5米左右，当为车战所用。据古籍所载，这种带刺之殳称为“锐殳”。曾侯乙墓出土的铜殳为研究先秦古代兵器提供了重要资料。具有特别重要的历史价值，定为国家馆藏壹级文物。

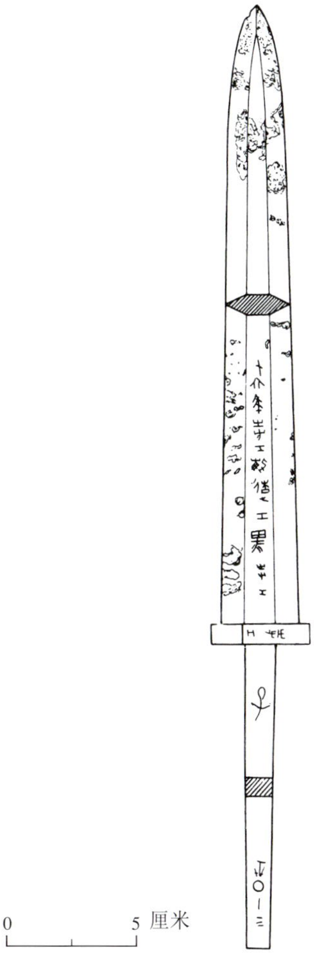

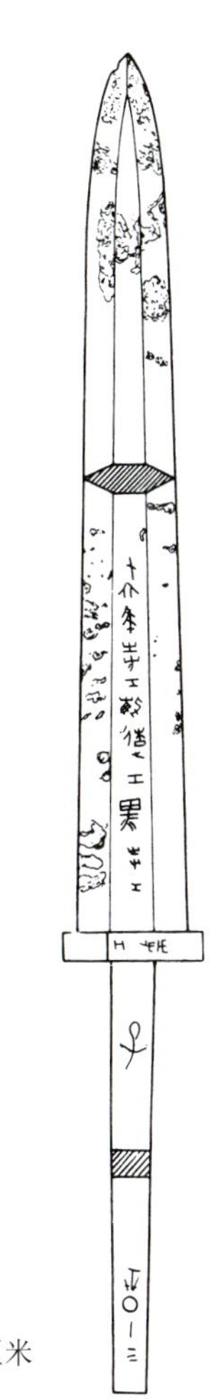

64 铜铍

秦（公元前221～前206年）

通长35.35、茎长11.75厘米

陕西省临潼市秦始皇一号兵马俑坑出土

秦始皇兵马俑博物馆藏

整体与短剑相似。两边有刃，向上斜直伸向前锋。中部有扁平脊。格较窄，呈"一"字形。格的下面接窄而细的茎，靠后段有一圆形钉孔。在扁平的脊上刻铭文8字，"十七年寺工鲏工篱"。茎上有铭文"子壬年"3字。

在秦始皇兵马俑坑发掘中发现，它是插装在长柄上使用的，其功能和矛相似，其名为铍，属长柄刺兵。从铭文看，这件铜铍为秦官署制造，质地精良，出土时光亮如新。十七年为秦始皇的纪年。这件铜铍具有特别重要的历史价值，定为国家馆藏壹级文物。

65　铜铍（2件）

秦（公元前221～前206年）

一件长46.8、宽3、茎长12厘米

一件长45.5、宽3.1、茎长10.5厘米

江苏省仪征市詹庄汉墓出土

仪征市博物馆藏

两件铜铍尺寸略有差异，铭文不同。均身长如剑，两刃平直，前聚成锋。铍身断面呈八棱形。宽山字格，细长扁茎。其中一件铍茎刻“十五年寺工武光口作府吉工方山拜”铭文。另一件铭文刻于铍身，“十五年寺工缮”。

这两件铜铍保存完好，至今仍很锋利，铭文标明其制作年代、工匠及寺官名姓。出土于西汉墓葬，铍的格部为汉代后配，更有意义。具有特别重要的历史价值和科学价值，每件定为国家馆藏壹级文物。

66 铜“大武辟兵”戚（戈）

战国（公元前475～前221年）

长21.9、宽6.5厘米

湖北省荆门市车桥战国墓出土

湖北荆州博物馆藏

形如宽援戈。援略呈长方形，援中纵起中脊。前锋上下凹弧，中间突起尖锋。本部有阑，阑侧有两个半月形穿。长方形内。内末抹角，内中一穿。援两面各铸饰一神人像。神人半蹲，圆头张目，头戴羽冠，珥双蛇。赤体鳞身，腰系蛇。双臂曲举，手执蜥蜴。鸟足，足下踏日月。胯下也饰一蜥蜴纹。内的后段饰异兽纹。内穿两侧各有一个字的铭文，连续为“大武闢兵”，或曰“兵闢太岁”。

这件兵器就形制言，似名戈更妥，现仍沿用旧名。其铸制精良，戚上的神人图像具楚文化风格，为探讨图腾文化的重要资料。具有特别重要的历史价值和艺术价值，定为国家馆藏壹级文物。

67 铜错银兽面纹戣

战国（公元前475～前221年）

通长19.9、最宽处10.9厘米

征集品

重庆中国三峡博物馆藏

形似宽叶矛。矛叶宽大，呈三角形，前锋尖锐。两刃向后略收，形成更尖锐的两个后锋。筒形骹，靠骹口有对穿的三角形钉孔。矛叶上部两面饰图案相同的兽面纹，纹饰上错银。并在一面的兽面纹下阴刻巴蜀符号。

戣，郑玄注《尚书·顾名》云："盖今三锋矛。"此兵器有前锋和两个后锋，故可称为"戣"。戣上有巴蜀符号，当为巴蜀兵器。其形制在巴蜀兵器中少见，而且纹饰错银。具有特别重要的历史价值，定为国家馆藏壹级文物。

68 **玉匕首**

新石器时代

长21厘米

江苏省邳州市出土

南京博物院藏

匕首平刃，三角形前锋，中部凸起脊棱。其后渐宽形成柄部，一侧平直，一侧呈弧形。中部琢出半月形供手持握的孔。琢磨精细，为岫岩玉质，已呈乳白色。当为发现最早的玉制卫体兵器。具有特别重要的历史价值，定为国家馆藏壹级文物。

69 铜羊首短剑

商代后期（公元前1300～前1046年）

通长30.2、柄长11.6厘米

河北省青龙县抄道沟出土

河北省文物研究所藏

剑身呈长三角形。中部突起脊棱，两刃薄而锋利，向前斜收成尖锐的前锋。剑身基部有突起的上下阑。剑茎渐细而下弯。剑首铸成羊头形，大眼大鼻孔。大而弯的双角盘成护环。出土时双角和双眼嵌绿松石。茎上中部有与剑身通连的脊棱。剑茎中脊、两侧饰短斜线纹。

这柄短剑具有北方草原古代牧猎民族风格。时代早，造型美，有绿松石镶嵌。具有特别重要的历史和艺术价值，定为国家馆藏壹级文物。

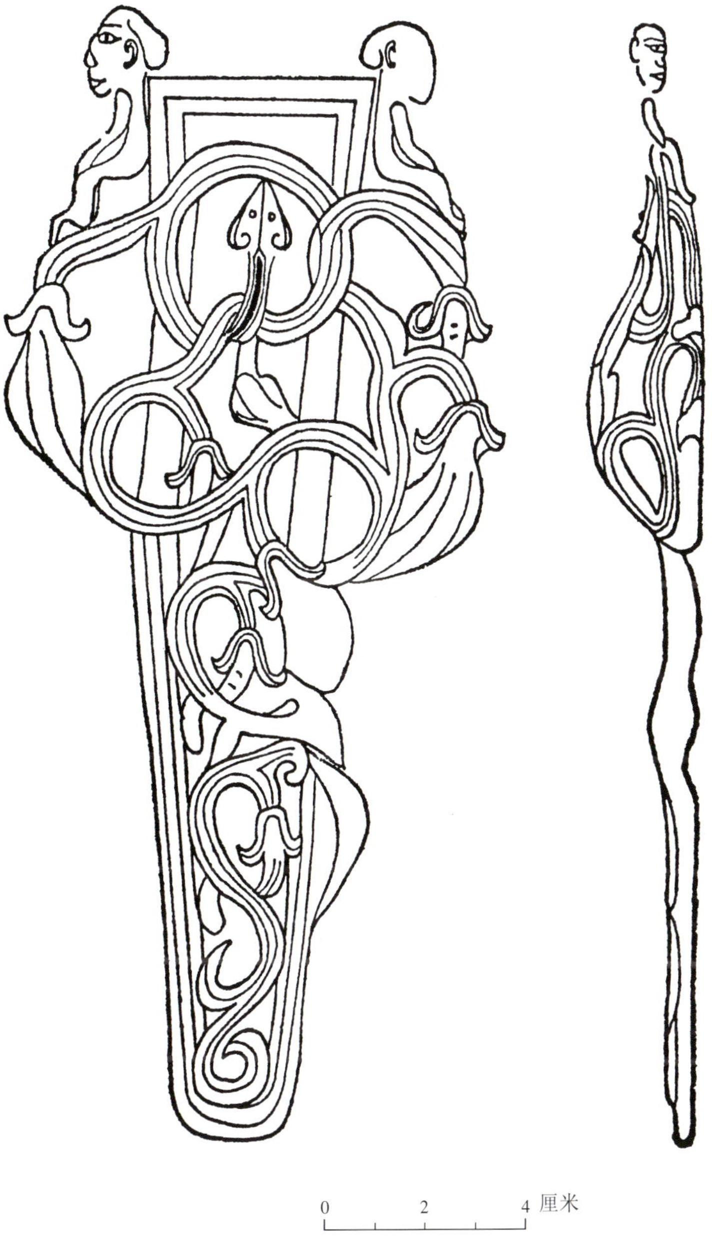

0　2　4 厘米

70　**铜镂空蟠蛇纹剑鞘**

西周早期（公元前1046～前977年）

长22.8、最宽处10.3厘米

北京市房山区琉璃河西周燕国墓地出土

首都博物馆藏

剑鞘通体镂空，鞘口两侧各设一个背向的人形饰。上段宽大，蟠蛇虬结缠绕。下段渐细，铸两条回首夔龙纹。铜剑鞘内插柳叶形铜短剑。

这种镂孔剑鞘原来内里衬有木片或皮革，相当华美。为具有草原牧猎民族风格的兵器。具有特别重要的历史、艺术价值，定为国家馆藏壹级文物。

71　铜柄嵌玉石钢剑

西周晚期（公元前885～前771年）

通长33.1厘米

河南省三门峡市上村岭虢国墓地出土

河南省文物考古研究所藏

剑用铜、钢、玉等材料合制而成。剑身用钢制成，已锈蚀。茎、首为青铜铸造。剑茎、首上镶嵌玉和绿松石。玉上琢花纹。

出土时，此剑用丝织物包缠，插在牛皮剑鞘内。经科学分析，制作剑身所用的铁乃人工冶铁。所以这件铜柄钢剑是我国目前所见到时代最早的，用人工冶铁锻钢制作的兵器。具有特别重要的历史、科学价值，定为国家馆藏壹级文物。

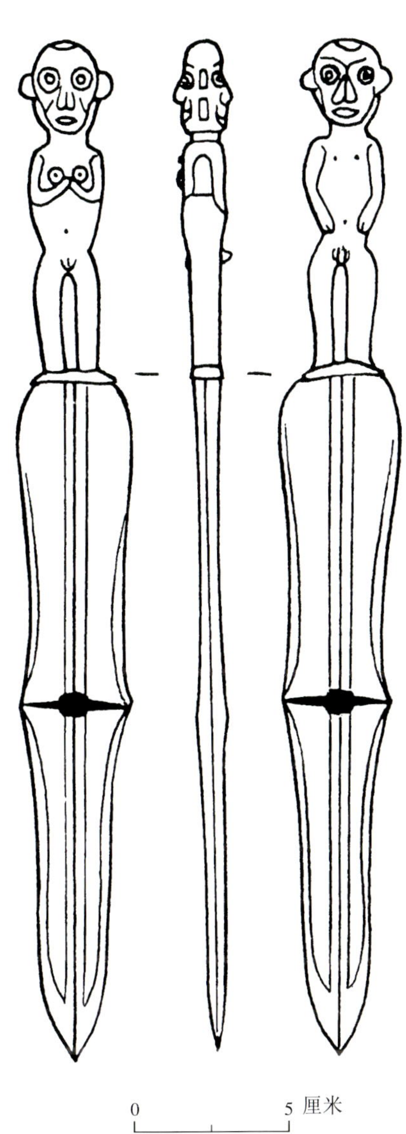

72 **铜立人柄曲刃短剑**

西周晚期至春秋早期（公元前885～前677年）

通长31.6、柄长10厘米

内蒙古宁城县南山根墓葬出土

宁城县博物馆藏

剑两刃两度弧曲，中间各有一个突出的孑尖。最宽处在剑身本部，弧收接窄剑格。从本部至剑尖起柱状棱脊，脊上突起三条棱线。剑柄铸成人形，立姿。一面为男性，另一面为女性，均裸体。男性两手下垂至腹部，乳房较小。女性两臂交叉置于胸前，乳房较大。两人都铸出明显的生殖器官。双耳及两肩下有穿孔。

这柄铜短剑造型奇特，制作精良。剑柄的造型是探讨所属部族社会习俗的宝贵资料。具有特别重要的历史价值，定为国家馆藏壹级文物。

73 象牙鞘柄铜剑

春秋早期（公元前770～前677年）

剑残长28.5、鞘长29.4厘米

河南省洛阳市中州路2415号墓出土

中国国家博物馆藏

剑身短而宽，两刃斜直，前锋已残。中部突起柱状棱脊，两从斜杀至刃。剑身的后段圆弧，两侧有齿状缺口。无剑格，剑茎短而纤细，呈柱状。象牙雕制的剑柄套接在剑茎上，前段含住剑身后端。剑柄前粗后细，上有四道箍棱。剑首膨大。鞘的前段渐细，末端呈钝锋，上段雕有供穿带佩系的璏，鞘上饰蟠螭纹。柄、鞘均为整块象牙雕成。

此剑为中原地区铜剑的早期形态，身短而原始，其功用也与后来的剑有所不同。以象牙为柄、为鞘，装潢讲究。具有特别重要的历史、艺术价值，定为国家馆藏壹级文物。

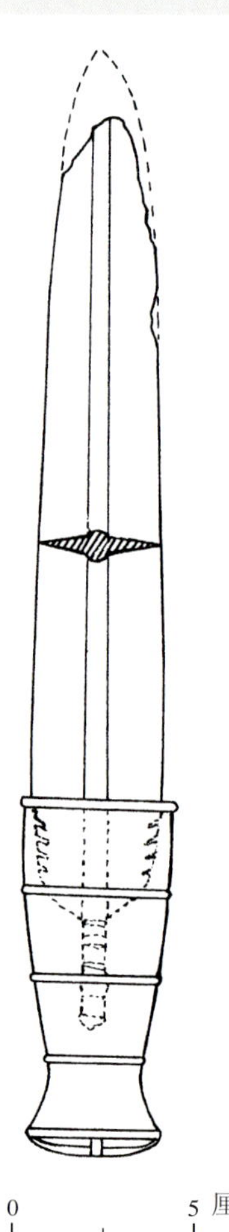

74　铜“吉日丙午”剑

春秋晚期（公元前571～前476年）

通长55厘米

山西省浑源县李峪出土

中国国家博物馆藏

此剑两锷微微弧曲，剑身最宽处在中段偏上处，向前略窄收成前锋。锋尖略残。中脊平而微凹，两从斜杀。倒凹字形剑格，格上饰错金兽面纹、卷云纹，并以绿松石镶嵌。圆筒形剑茎，后接喇叭形剑首，剑首饰错金云纹。剑的平脊上两面均有错金铭文，共20字，“吉日丙午，乍（作）为元用，玄镠铺吕（铝），朕余名之，胃（谓）之少虡”。

因有“少虡”铭文，这柄剑又名少虡剑。其制作甚精，错金铭文流利酣畅。具有特别重要的历史、艺术价值，定为国家馆藏壹级文物。

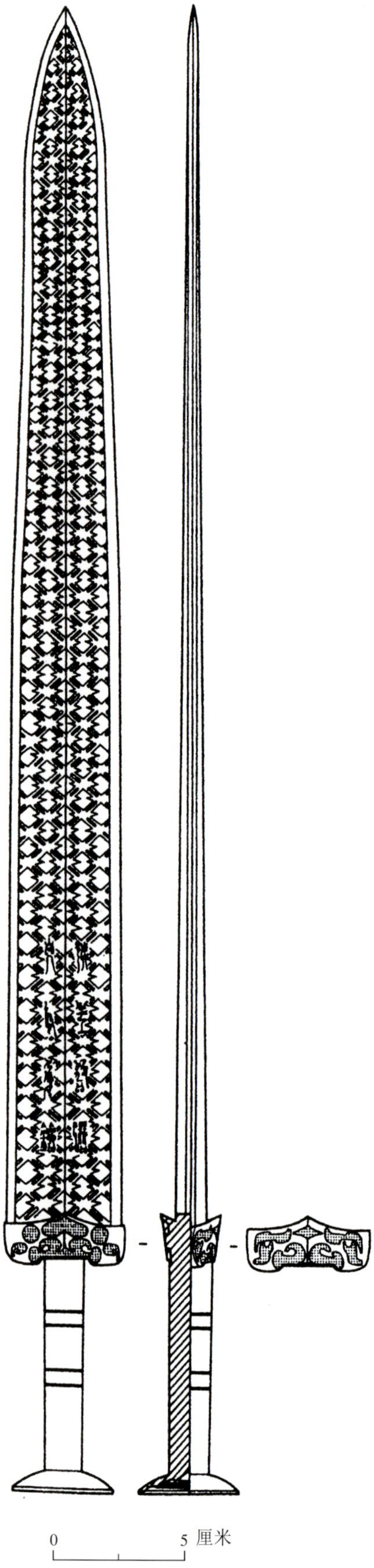

75 铜“越王勾践”剑

春秋晚期（公元前571～前476年）

通长55.6、宽4.6厘米

湖北省江陵县望山一号墓出土

湖北省博物馆藏

两侧剑刃略成两度弧曲。最宽处在距剑格三分之一处。往前逐渐内收，至前锋处在扩展，然后收聚成前锋，利于刺出。剑身中间起脊棱，又不易折断。剑格上铸兽面纹。筒形剑茎，后接圆饼形剑首。剑身满饰菱形暗格纹。近格处有鸟虫书“越王勾践，自作用剑”铭文。剑格的花纹内嵌绿松石。出土时插在黑漆木剑鞘内，剑茎上有缠缑的丝绳痕迹。

这柄铜剑集华美与实用于一身，至今仍光彩耀眼，锋利异常，是青铜剑精品中的精品。器主勾践为春秋五霸之一。越国国君的剑出土于楚国墓，有特殊意义。具有特别重要的历史、艺术价值，定为国家馆藏壹级文物。

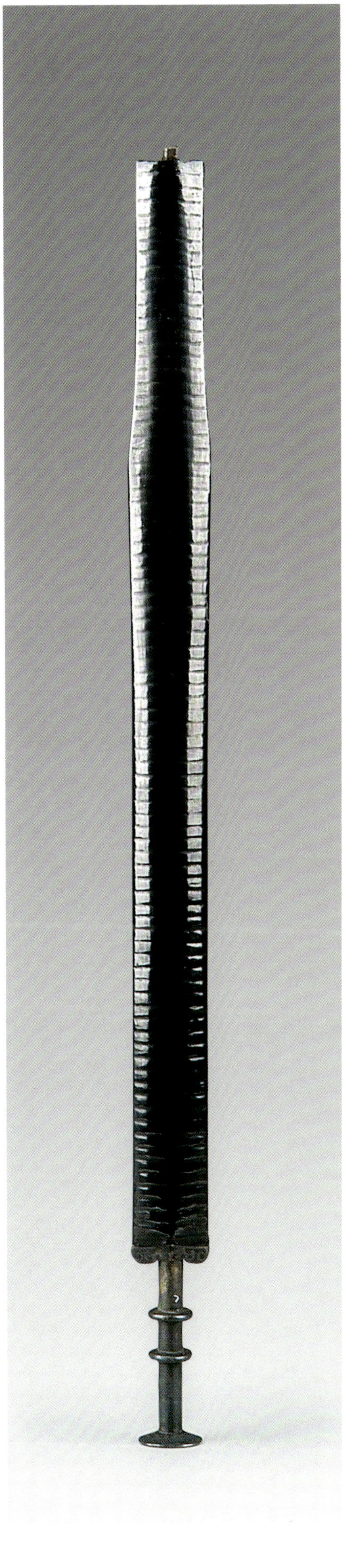

76　漆鞘铜菱格纹剑

春秋（公元前770～前476年）
剑长59.2、刃宽4、鞘长53.5厘米
河南省南阳市征集
河南省洛阳龙门博物馆藏

剑身较长，两刃弧曲，中起纵脊。剑面满饰菱格形暗纹。倒凹字形窄格，上铸兽面纹。圆筒形剑茎，上有两道箍棱。圆盘形剑首，饰弦纹和卷云纹。剑鞘木胎，系薄木片黏合而成。外面用丝线密密缠裹，再以黑漆及复髹饰。

这柄铜剑铸造极精，且用菱形暗格纹装饰剑身。以这种工艺装饰兵器的做法多为春秋时期的吴越两诸侯国，吴越兵器利甲天下。更为难得的是剑鞘完好保存至今。具有特别重要的历史、艺术价值，定为国家馆藏壹级文物。

77 铜暗花鸟纹剑

春秋（公元前770～前476年）

通长59.2、刃宽4.4厘米

江苏省丹阳市征集

丹阳市博物馆藏

剑身较宽，自下而上三分之二处弧曲，向上收聚成剑锋。剑身中部纵起突脊。剑从部各饰六只长尾鸟形暗纹。宽格，格上饰兽面纹，嵌绿松石。筒形茎，茎上有两道箍棱。圆盘形剑首，剑首饰同心圆纹。

春秋吴越铜剑，锋利冠誉当时，以饰暗纹为特色，但多为几何纹样，饰鸟兽暗纹者少。具有特别重要的历史、艺术价值，定为国家馆藏壹级文物。

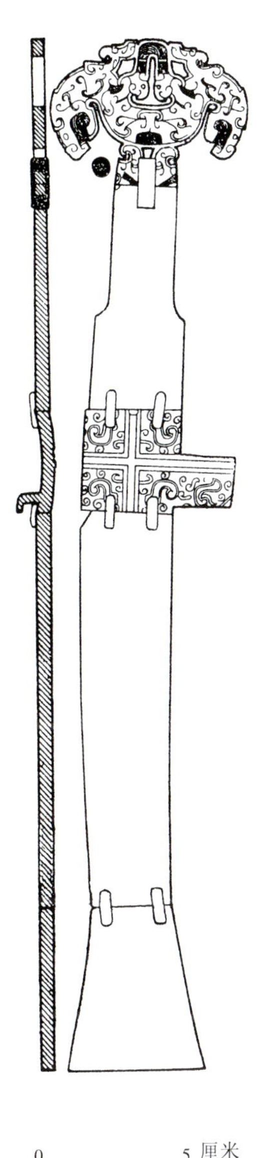

78　玉剑具

战国早期（公元前475～前4世纪初）

通长33.8、宽5.1、厚0.5厘米

湖北省随州市曾侯乙墓出土

湖北省博物馆藏

系用青白玉精心雕琢而成，酷如一柄带鞘之剑，首茎、格、璏、鞘、珌具备。分为五节，首、茎、格、鞘、珌。之间用金属丝相连。首、格透雕纹饰。剑首双龙纹，剑格云纹。其他部位光素。

自春秋以降，佩剑乃身份地位的标志，汉晋之后，更把佩象征性剑具为时尚。这柄玉剑具出土于墓主的腰腹处，当是这种时尚的滥觞。具有特别重要的历史、艺术价值，定为国家馆藏壹级文物。

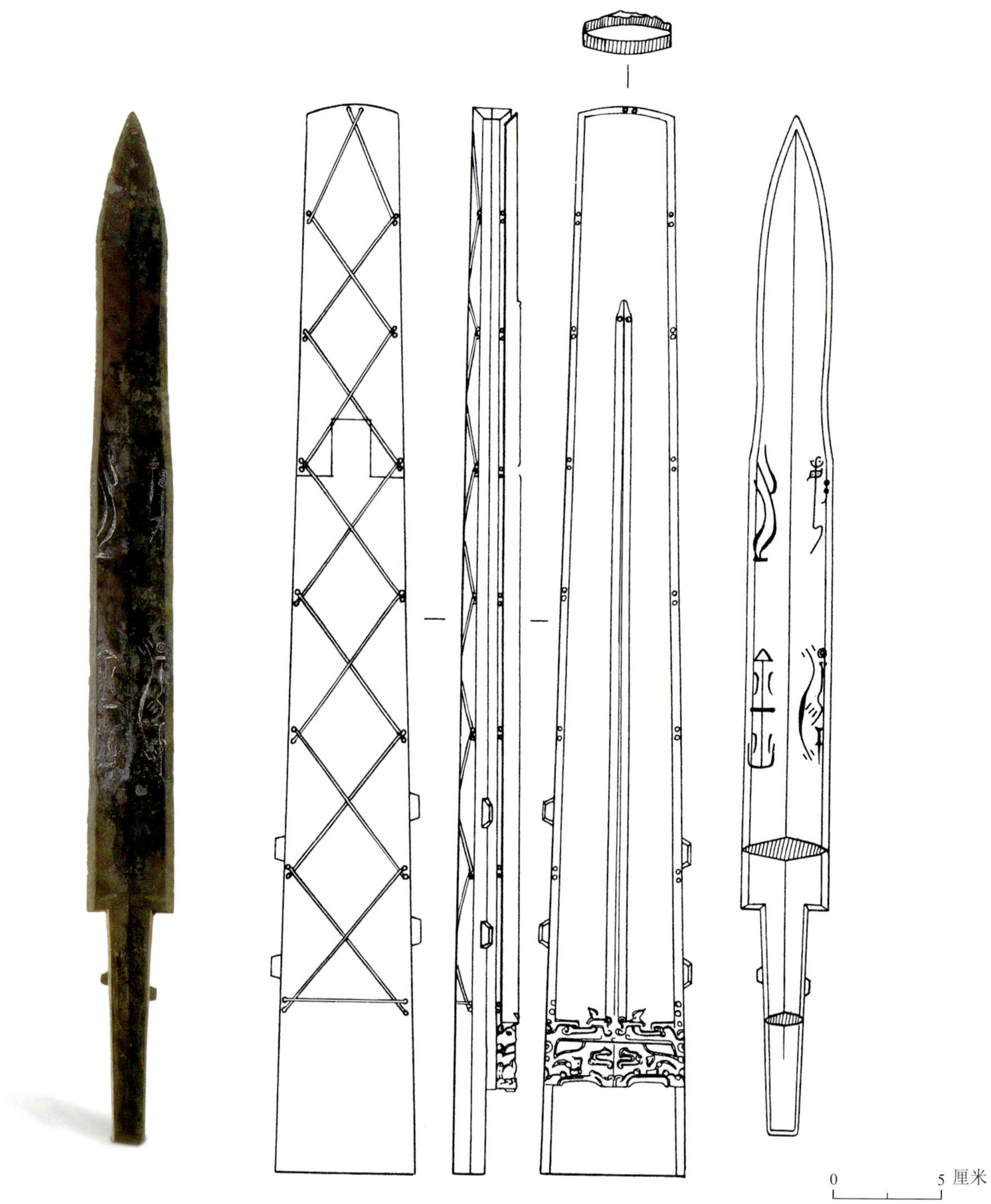

0 5 厘米

79 “繁阳之金”铜剑

战国中晚期（公元前4世纪初～前221年）

通长45、宽3.9厘米

河南省洛阳市凯旋路出土

洛阳文物工作队藏

剑身修长，两刃略有弧曲，向上收聚成三角形前锋。剑茎呈扁长条形，上段两侧各有一个凸突，上下略略错开。原来剑茎当插装在剑柄内，凸突卡住剑柄起固定作用。至今剑柄、剑格已脱落。剑身的中后段用红铜错出铭文4字，“繁阳之金”。出土时，此剑插入象牙剑鞘之内，剑首上用24颗珍珠串成垂饰。

此剑以华贵见长，铭文中的“繁阳”为研究战国兵器史提供了重要资料。具有特别重要的历史、科学价值，定为国家馆藏壹级文物。

80　铜立人形柄匕首

战国中晚期（公元前4世纪初～前221年）

残长20.8、人高8厘米

湖南省长沙市树木岭楚墓出土

湖南省博物馆藏

匕首的身部扁平宽肥，两刃略外弧，锋尖已残。格扁窄。柄部铸作立人形。此人立于匕首的格上，头上梳圆形发髻，脑后垂辫至颈后。两耳戴大耳环。上身赤裸，双手叉于髋部，腕部戴镯。下身只系一短裙，光腿赤足。

这件匕首虽然出自楚国墓中，但柄部的人形为南方古越族的形象，为研究南方古代民族提供了形象资料。具有特别重要的历史、艺术价值，定为国家馆藏壹级文物。

81　铜双色剑

战国（公元前445～前221年）

长80、宽42厘米

中国人民革命军事博物馆藏

剑茎扁长，无箍，实心。又称扁茎剑。柄部位细长，剑刃前部略有弧曲。剑身中部有凸起的菱形脊，剑刃和剑脊用比例不同的铜锡配比铸成，脊部含铜较多，韧性好，不易折断。刃部含锡较多，坚硬而锋利。其铸造方法是先浇铸含铜量高的剑脊和剑柄，然后再浇铸剑刃，两部分嵌合成一体，既锋利又有韧性。这种分别控制合金比例的复合青铜工艺，展示了当时的铸造水平，是战国青铜兵器制造技术的杰出成就。具有特别重要的历史价值和科学价值，定为国家馆藏壹级文物。

82 铜“越王丌北古”剑

战国（公元前475～前221年）

通长64厘米

安徽省安庆市出土

安徽省安庆市博物馆藏

剑身修长，中间脊棱突出，两从斜杀。剑格略似山字形，两面铸文9字，“越王丌北古自作用剑”。剑茎细圆，上有两道箍棱。后接圆饼形剑首。剑首上铸有铭文，“唯越王丌北古自作公之用之剑”。两处铭文为鸟虫篆书。部分字错金。

此剑剑身长，刃口锋利，是一柄发展到成熟时的铜剑。可贵的是在剑格和剑首，两处铸有铭文。越王丌古为勾践之孙。吴越是铸剑的故乡，这柄剑是研究越国历史和青铜铸造工艺的重要实物。具有特别重要的历史、科学价值，定为国家馆藏壹级文物。

83 铜猎人头纹短剑

战国（公元前475～前221年）

通高28.2厘米

云南省江川市李家山滇墓出土

云南省博物馆藏

剑身扁平无脊棱，两刃斜直，向前缓收成前锋。一字形窄剑格，圆筒形剑茎，后接剑首。剑茎和剑身后段铸饰人形纹饰。纹饰凸起如浮雕。人物均大眼，咧巨口，露牙齿，头戴高冠。剑身后段所铸的人像身体半蹲。双手上举，赤双足。剑茎的人像立姿，右手握一柄短剑，左手提一人头。这两人有可能是部族的巫觋，在举行某种祭祀仪式。

这柄短剑上的花纹尤为重要。是研究古代滇人宗教活动的重要资料，可能与猎头习俗有关。具有特别重要的历史价值和民族学价值，定为国家馆藏壹级文物。

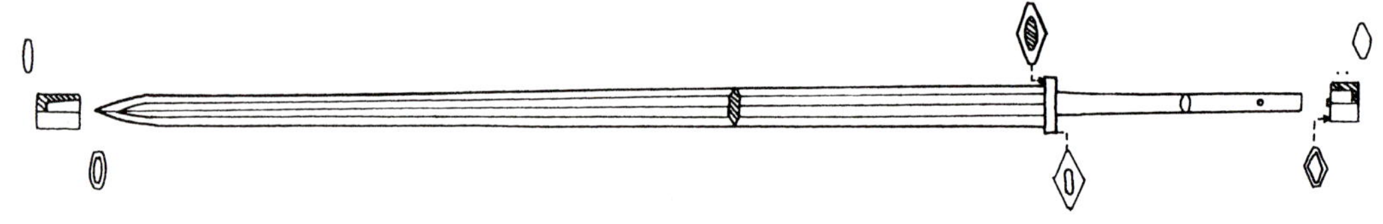

84 铜扁茎剑

秦（公元前221～前206年）

通长91、刃宽3.3厘米

陕西省临潼市秦始皇兵马俑坑出土

陕西省博物馆藏

剑身狭长，下宽上窄，两刃略有弧曲。剑中起脊棱。格扁窄，呈“一”字形，茎扁而细长。此剑出土时光洁如新，不见一点锈斑，而且经两千余年的风尘，仍锋利异常。展示了秦人重实用，去浮华的习俗。具有特别重要的历史、科学价值，定为国家馆藏壹级文物。

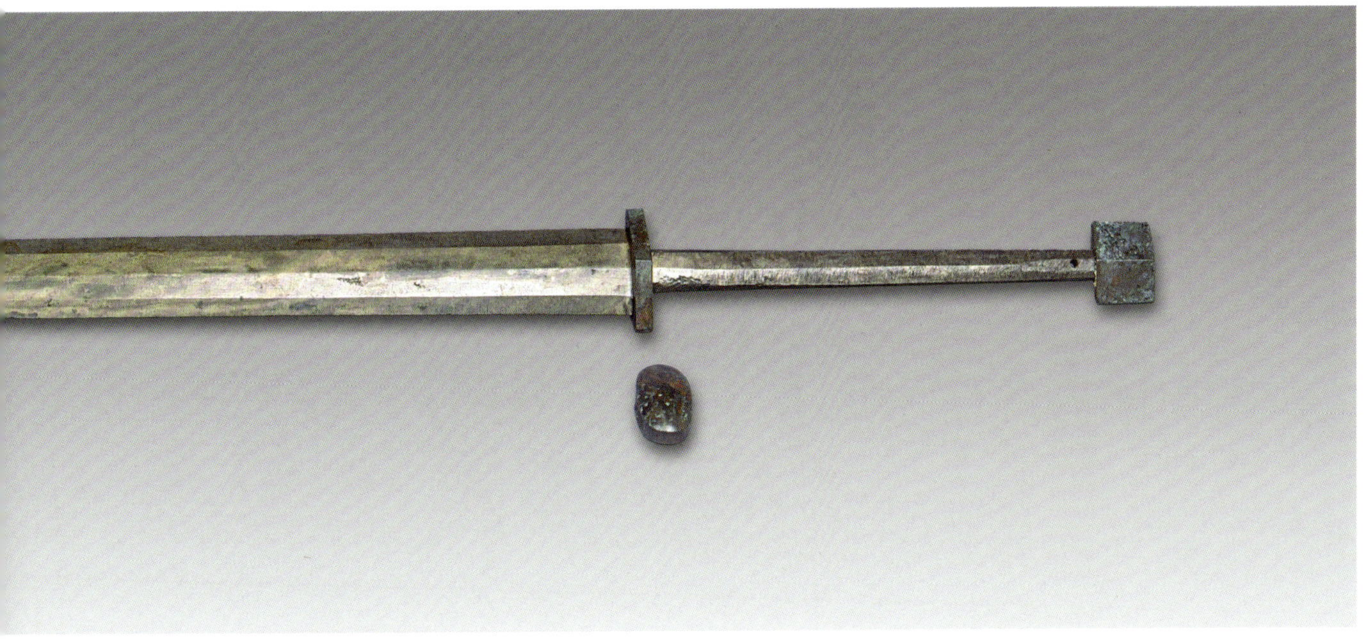

85 角质剑

西汉早期（公元前206～前141年）

通长140.4厘米

湖南省长沙市马王堆三号墓出土

湖南省博物馆藏

完全是为随葬而专门制作的明器，用木、角、玳瑁等材料制成，形象逼真。剑身、茎、首、璏、摽俱全，首、格璏、摽均以木制成。剑身长而直，用牛角制作。中部凸起脊棱，格呈“一”字形，璏俯视呈长方形，摽呈梯形。剑茎扁长，用两片木片夹合而成，上缠丝织品，剑首呈圆饼形。剑首、格、摽、璏木制、外包贴玳瑁。

随葬这柄剑的墓主身份较高，剑的质地较为特殊，虽为明器，但具有特别重要的历史价值和艺术价值，定为国家馆藏壹级文物。

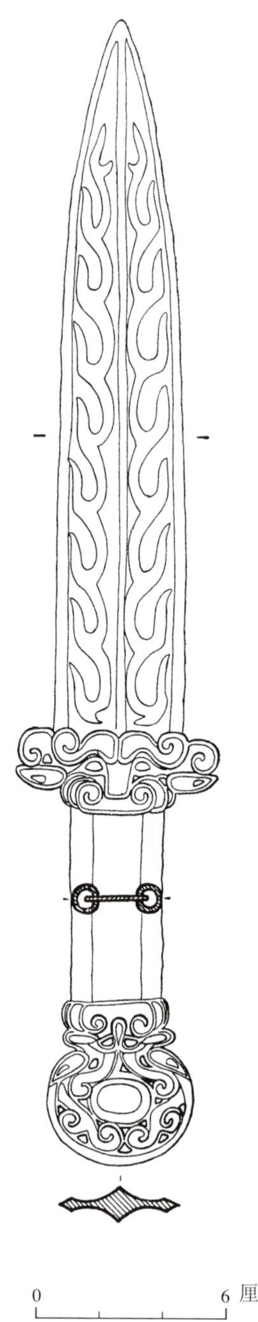

86 铁火焰纹匕首

西汉早期（公元前206～前141年）

通长38.7、茎宽3.1厘米

河北省满城县中山靖王刘胜墓出土

河北省博物馆藏

两刃较直，向前收聚成柳叶形前锋。中部凸起脊棱。两从凹下形成血槽，并用金片钿嵌成花纹带，一面为火焰纹，另一面似为云纹。茎扁宽，中间薄，边缘作圆柱形。匕首的格和首用银合金制作，也用金片钿嵌，格呈兽面形，首呈扁圆环形，饰兽面纹及云纹。

这件匕首为铁制兵器中的上乘之作，展示了西汉王室兵器的风格。匕首的格与首，以及两从的金片钿嵌，极具艺术性，也是研究西汉钿嵌工艺的重要资料。具有特别重要的历史、艺术价值，定为国家馆藏壹级文物。

87 铁“永光元年”长剑

西汉永光元年（公元前43年）

长114.5、刃宽3.2厘米

江苏省仪征市利民村汉墓出土

仪征市博物馆藏

剑身长而窄，中间纵起脊棱，前锋略呈三角形。剑茎扁长，末端有圆穿。剑茎上阴刻隶书铭文18字，“河内黑头剑光硕天长四尺二寸永光元年造”。铁质，色泽乌黑，保存尚好。

此剑为锻制，铭文标明其锻造时间、地点、长度，以及剑的名称。十分难得。“永光元年”为公元前43年，以此剑的长度换算，当时一汉尺合今23.1厘米，按此剑铭折算，一尺为27.26厘米。大于汉标准尺。具有特别重要的历史、科学价值，定为国家馆藏壹级文物。

88 铜鎏金嵌琉璃鸟形剑首（2件）

西汉（公元前206～25年）

一件高27.5、另一件高27厘米

陕西省西安市小白杨村出土

西安市文物管理委员会藏

两件形制基本相同，长短略有差别，筒较短，口呈椭圆形。其后面接铸一回首鸟。鸟长冠钩喙，敛翅垂尾，似为鹦鹉。鸟下有一短尾兽。整体鎏金，还镶嵌彩色琉璃珠。色彩晶莹，金光灼灼。

全器制作精工，从造型看，当是铜剑的附件，惜剑身已失，其主人当是西汉的权贵。此器工艺精湛，具有特别重要的艺术价值，每件定为国家馆藏壹级文物。

89 金压花剑鞘（2件）

西汉（公元前206～25年）

一长49、一长52.5厘米

云南省晋宁县石寨山滇墓出土

云南省文物考古研究所藏

剑鞘有两件，形制、花纹大同小异，长短有所差别。剑鞘由三段构成。鞘口的一段俯视呈长方形，两面均压制突起的牛首纹，麦穗纹。中段分三小截，上面压制突起的方折线纹。靠剑尖的一段较长，压制圆圈纹、麦穗纹和折线纹等。推测圆圈纹内原来可能镶嵌玉或绿松石等。

这样的金剑鞘在汉代滇国贵族墓中较为典型。不但以纯金制作，而且花纹压制得一丝不苟。也是研究古滇国历史的重要资料。具有特别重要的历史、艺术价值，每件定为国家馆藏壹级文物。

90 铜蛇柄短剑

西汉（公元前206～25年）

通长31厘米

云南省晋宁县石寨山滇墓出土

云南省博物馆藏

剑身扁平。前锋尖锐，边刃略有残损。基部较宽。一字形窄剑格。剑柄铸成蛇的前半段形象。茎略略弯曲，像蛇的颈部。剑首铸作蛇头形状，大眼圆睁。张巨口露出钉状牙齿，形象可怖。

具有特别重要的艺术价值，又因其出土于古滇国墓葬，其历史价值也很重要，定为国家馆藏壹级文物。

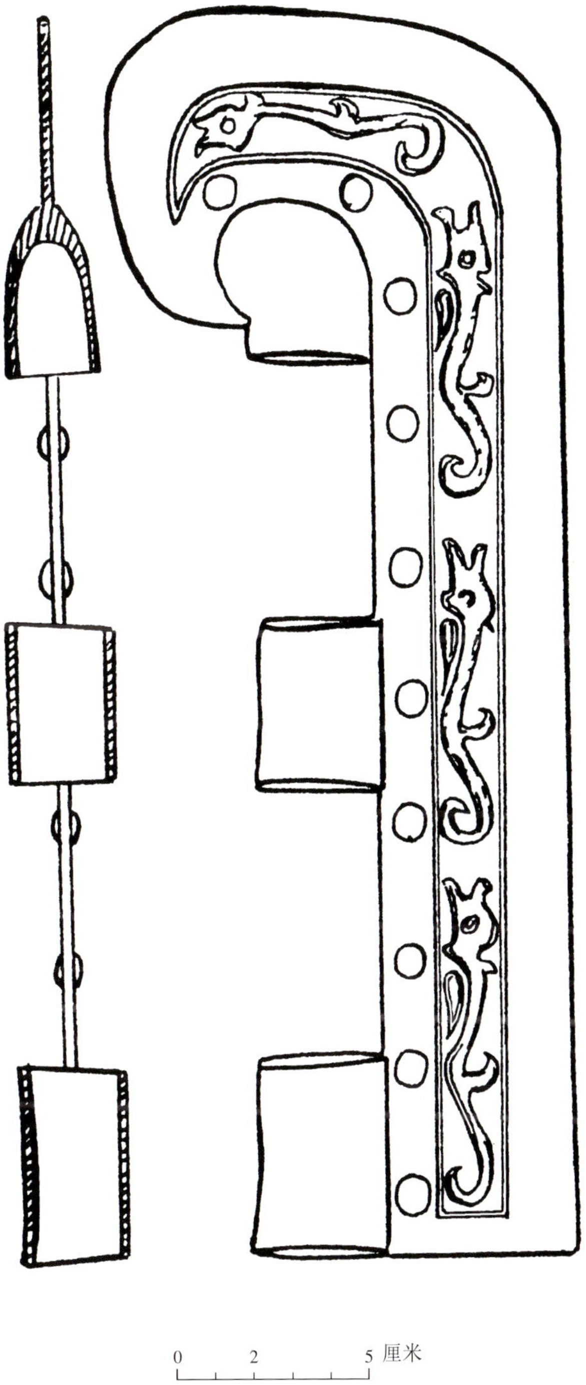

0 2 5 厘米

91 铜管銎龙纹刀

商代后期（公元前1300～前1046年）

通长31、刀首宽11.8厘米

河南省安阳市大司空村南25号墓出土

中国社会科学院考古研究所藏

刀身长直，刀头向后卷曲，刀背接铸三个套筒形銎。刃身正中至刀头两面各饰一条由四条龙组成的纹饰带，靠近刃背铸一列十个乳钉。

这类铜刀在商代兵器中少见。通过刀背的三个銎孔可以牢固地安装木柄，为长柄兵器，杀伤力较大。此刀制作精，保存好，有特别重要的历史、艺术价值，定为国家馆藏壹级文物。

92 玉龙纹刀

商代后期（公元前1300～前1046年）

通长33.5、身宽5.2、厚0.5厘米

河南省安阳市小屯“妇好”墓出土

中国社会科学院考古研究所藏

刀由一块绿色玉琢制而成，隐现不规则的褐斑。其形制与商代铜大刀相似，长身短柄。凹背凸刃，刀尖钝而上翘。刀背有锯齿状扉棱。刀身的后段对钻一圆形穿孔。柄甚短，应装柄使用。在靠近刀背处琢刻龙纹，龙头朝向刀柄，张口卷鼻，龙尾直达刀尖，并随刀尖略略翘起，鳞甲用菱形、三角形表示。

这件玉刀琢制非常精美细致，又出自“妇好”墓中，具有特别重要的历史、艺术价值，定为国家馆藏壹级文物。

93 铜管銎龙虎纹刀

商末周初（公元前1046年前后）

长23.6、宽6.2厘米

河南省鹿邑县太清宫长子口墓出土

河南省文物考古研究所藏

刀身较长，直刃直背，刀尖上翘而后卷，刀背上有四个椭圆形銎孔。刀身两面各饰四条卷尾龙纹，两两相对。刃锋上卷部位也饰卷尾龙纹。另有一只圆雕卧虎，虎回头张口，后身蹲伏，虎尾上卷，虎颈前突成銎口。

这件铜刀制作风格粗犷，纹饰生动。出土时銎孔内尚存朽木残痕，可知是装木柄使用的。这类铜刀存世量甚少，而且是当时人为折断后放置在墓葬的不同位置，当与葬俗有关。具有特别重要的历史、艺术价值，定为国家馆藏壹级文物。

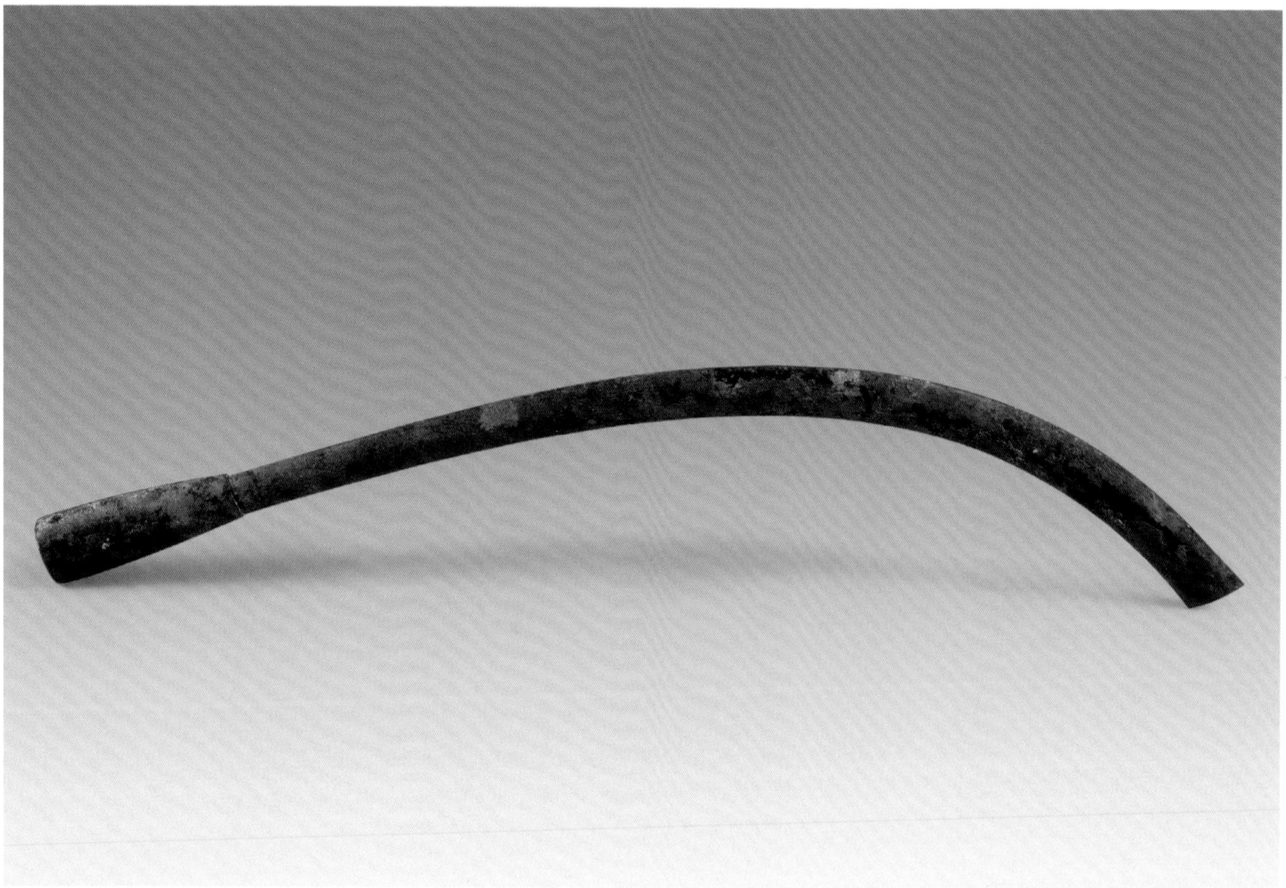

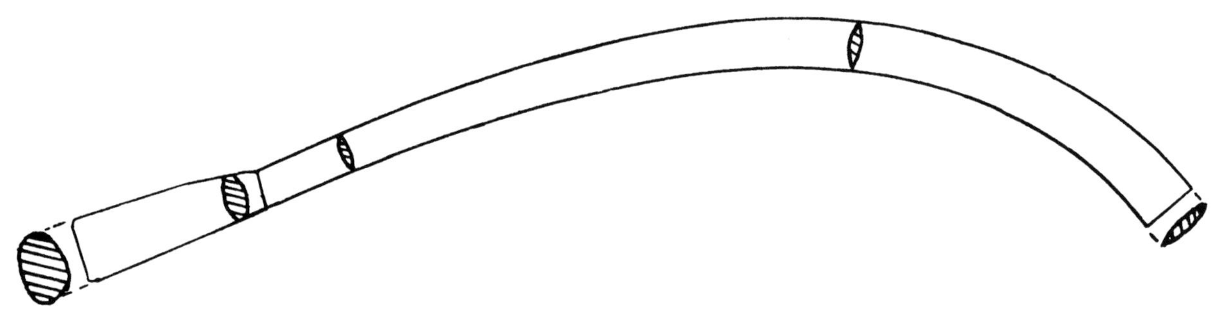

0　5　10 厘米

94　铜钩形兵器

秦（公元前221～前206年）

通长66、刃宽3.2厘米

陕西省临潼市秦始皇陵出土

陕西省博物馆藏

整体形似一柄弯刀，但刀身两面有刃，断面呈扁梭形，前锋截齐。后接短柄。柄由前至后渐粗，断面呈椭圆形。光素无纹，质朴无华。

这件兵器造型怪异，至今只在秦始皇兵马俑坑见到两件。从形制上看，可钩可砍，是极具杀伤力的实战兵器。其存世量极少。具有特别重要的历史价值，定为国家馆藏壹级文物。

95 木雕镂空箭箙

战国中期（公元前4世纪初～前4世纪末）

高23.5、上宽22、下宽17厘米

湖北省江陵市沙冢1号墓出土

湖北省博物馆藏

原箭箙由盖面、背板及侧板、底板黏合而成，现仅存盖面板及背板等。盖板透雕鹰鸟、豹、凤等。鹰鸟居中，作头向下背视形态。鹰鸟尖喙衔两豹的前爪。两豹居箭箙的左右下方，卧姿，回首。凤鸟站立在豹首之上，华冠修尾。口沿上浮雕两条蟠曲的小蛇。均髹黑漆地，红漆彩绘纹饰。背板髹黑漆，也用红漆彩绘花纹。

这件箭箙透雕的花纹十分精美，保存至今极为不易，纹饰内涵反映了楚国的思想意识。具有特别重要的历史、艺术价值，定为国家馆藏壹级文物。

96 漆木双矢并射连发弩

战国（公元前475～前221年）

高17.2、长27.8、宽5.4厘米

湖北省荆州市秦家嘴47号楚墓出土

荆州博物馆藏

连发弩木制，外髹黑漆。分为矢匣、弩体和小木弓三部分。矢匣置于弩体上方，呈长匣形。前部方折，下部有两个半圆形出矢孔。后部斜煞，刻作虎头形。上部正中开一方形进矢孔。矢匣内有进矢槽和左右两个储矢槽。弩体呈前宽后窄的长条形，前端突起呈鹰嘴形，用以承弓，下部装略呈S形的手柄。弩体上部开槽，用以装铜机件和治动木臂。活动木臂是发射的关键。呈长条形，硬木制成。前端凿透底机槽，槽内安装悬刀、牙等铜制机件。中断凿活动槽，活动槽后端内套起动铜枢。弩弓很短小，长仅7厘米，圆弧形，两端有供系弦用的穿孔。弓弦应是筋条或肠衣之类有弹性的材料。矢铜头铁尾木杆（惜已朽），通长14.3厘米。

这具连发弩出土时装在竹筒内。出土时有小木弓两件，矢19支，其中18支在连发弩的矢匣内，左储矢槽内8支，右储矢槽内9支，进矢槽内一支，另一支出土于弩侧。

由于连发弩独特的构造，发射时一手握住前端的手柄，另一只手拉动活动木臂，就可同时完成钩弦、拉弦、发射三个过程。一次射出两支箭，储矢匣内可储矢20支，可连续发射10次。由于其尺寸较小，使用的箭也短，应是随身携带的手握式近战护身兵器。

这具双矢并射连发弩乃首次发现，虽体型小，但制作及其精巧，很好地利用了重力学和机械学原理。具有特别重要的历史价值和科学价值，定为国家馆藏壹级文物。

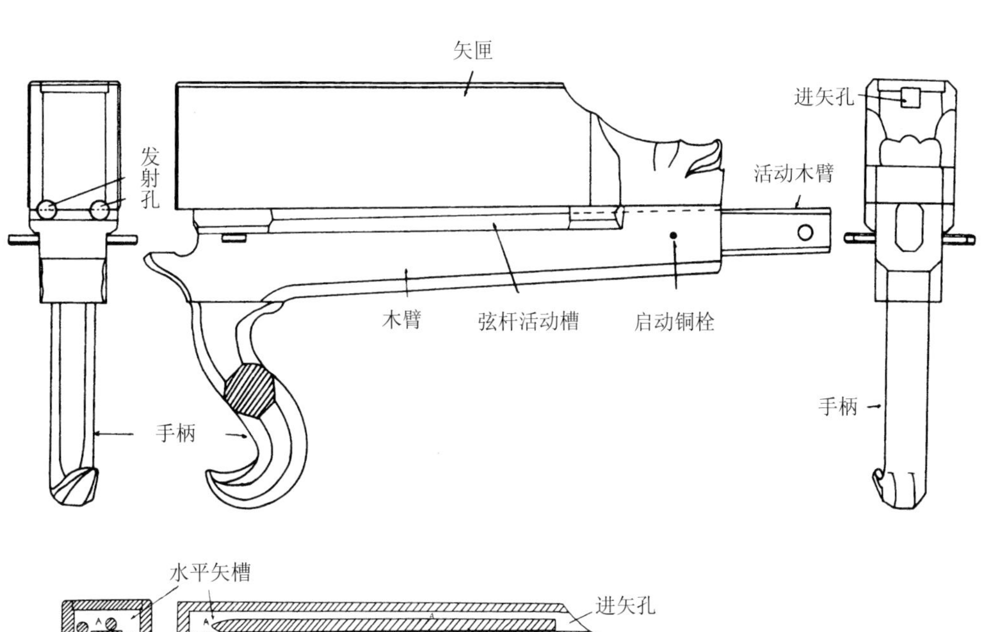
矢匣
进矢孔
发
射
孔
活动木臂
木臂
弦杆活动槽
启动铜栓
手柄
手柄

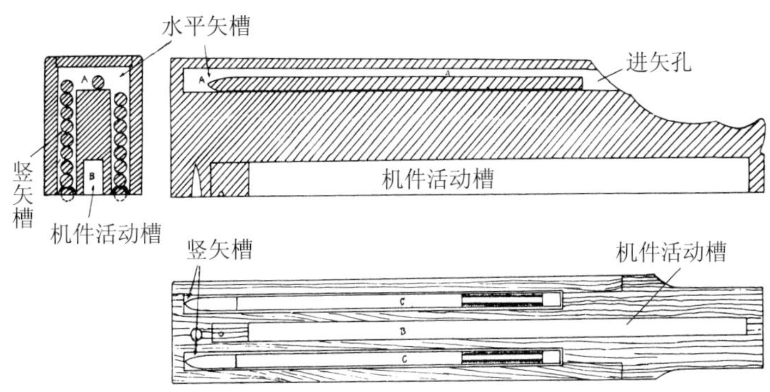
水平矢槽
进矢孔
竖
矢
槽
机件活动槽
机件活动槽
竖矢槽
机件活动槽

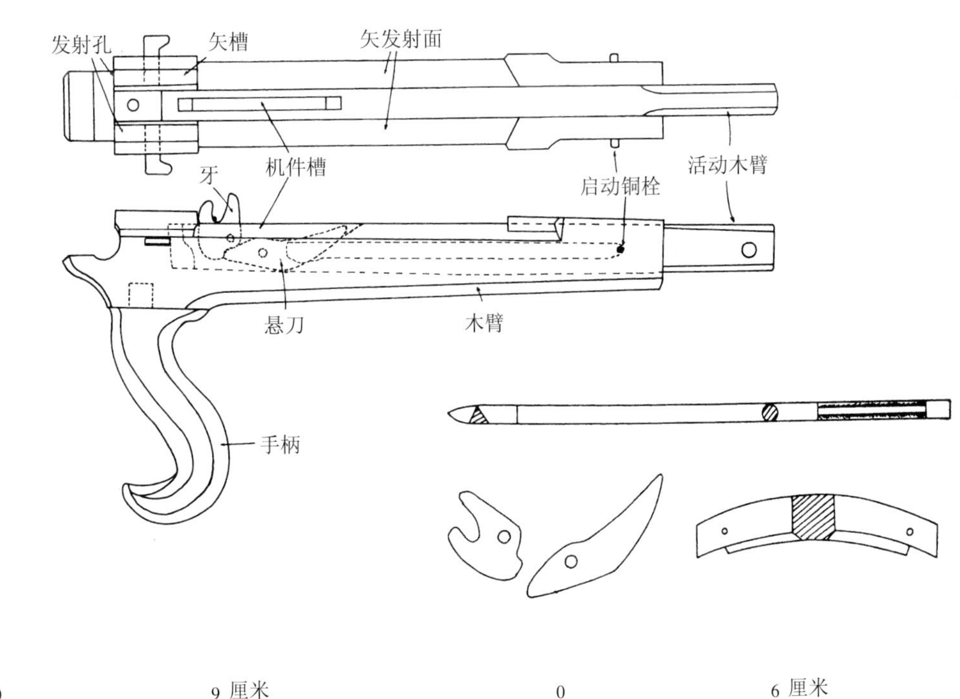
发射孔
矢槽
矢发射面
机件槽
牙
启动铜栓
活动木臂
悬刀
木臂
手柄
0
9 厘米
0
6 厘米

97　铜弩（模型）

秦（公元前221～前206年）

弩臂通长39.5、弩弓长70.2厘米

陕西省临潼市秦始皇陵一号铜车前轸上

秦始皇兵马俑坑博物馆藏

弩的臂和弓全由铜制作，与当时的实战用弩完全相同，但尺寸只有实战用弩的二分之一。弩臂的前端有半圆形含口，含口的上部与弩臂上面齐平，下部前探而弯曲，口内可夹含弩弓的弣部。距弩臂含口不远两侧各横出一短耳，通过短耳可将弩弓牢牢地绑缚在弩臂上。弩臂的后段有郭室、关和踵。关做成护手状，踵做成抹角弧形。弩臂的上面铸出承箭的箭槽。郭室内装有弩机，弩机由牙、望山、钩心和悬刀构成，用键固定在郭室壁上。

弩臂的左右侧面，在蓝色地上彩绘白色流云纹、云朵纹。关上也有纹饰，惜已模糊不清。弩臂的尾部、踵上错金银。前面为勾连云纹栏框，后面为夔龙、夔凤纹、卷云纹等。弩机的悬刀和望山上，也绘卷云纹。

弩弓原装在弩臂前端的含口内，弓干弣部粗，由渊部向箫部渐细，末端有系挂弦的缺口。在弣、渊交界处，两箫的中间有加固弓干的缴束。弓弦的两端呈纽鼻形，并铸饰皮条纹。在弦和弓弣之内还有一根绳索状铜丝通过小孔拴缚在弓干之上，起保护弓干的作用。

这架铜弩架在一号铜车前轸上，当为车战用弩。它的出土，使我们了解了弩的完整形制，也提供了弩在战车上的装配资料。具有特别重要的历史价值，弩上的彩绘，线条流畅，错金银华美，极具艺术性。定为国家馆藏壹级文物。

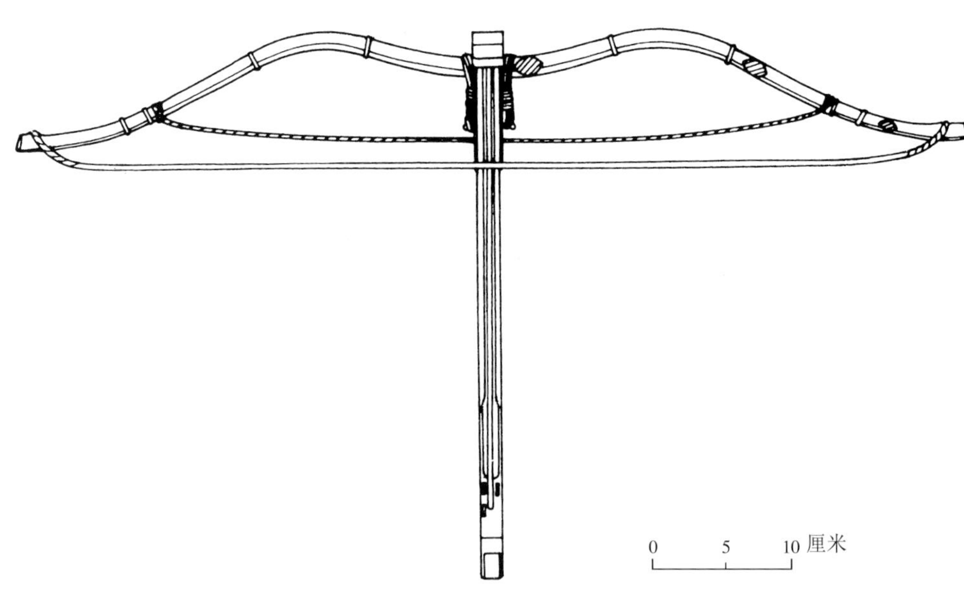
0 5 10 厘米

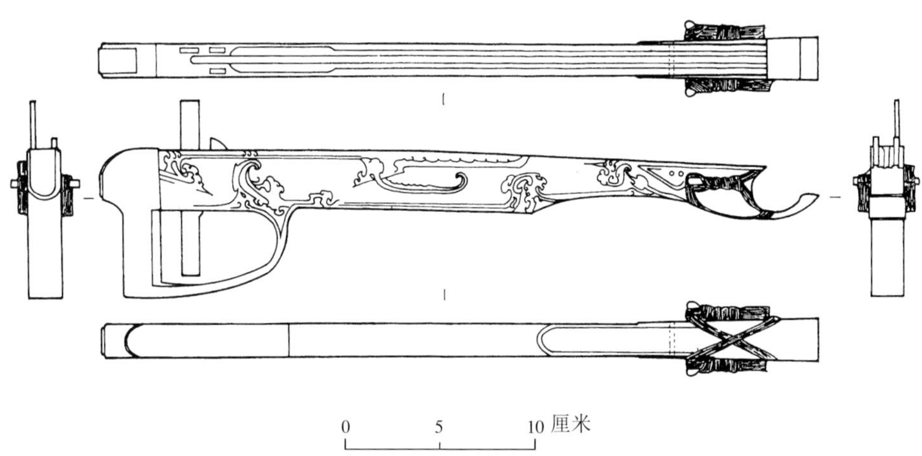
0 5 10 厘米

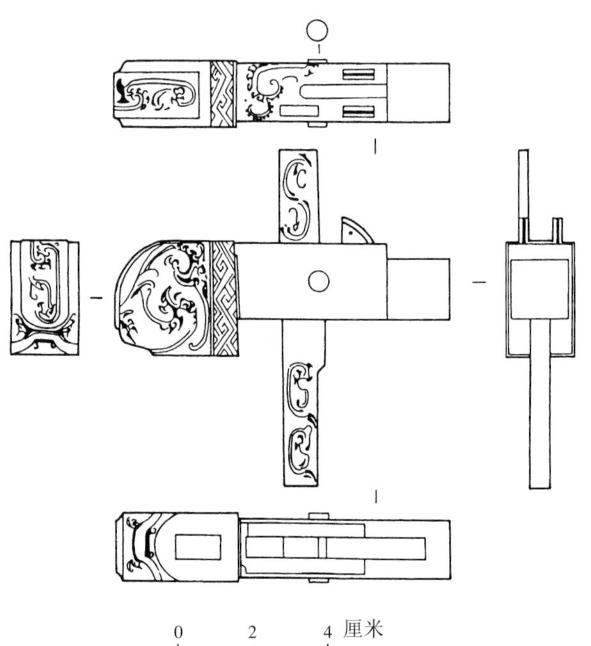
0 2 4 厘米

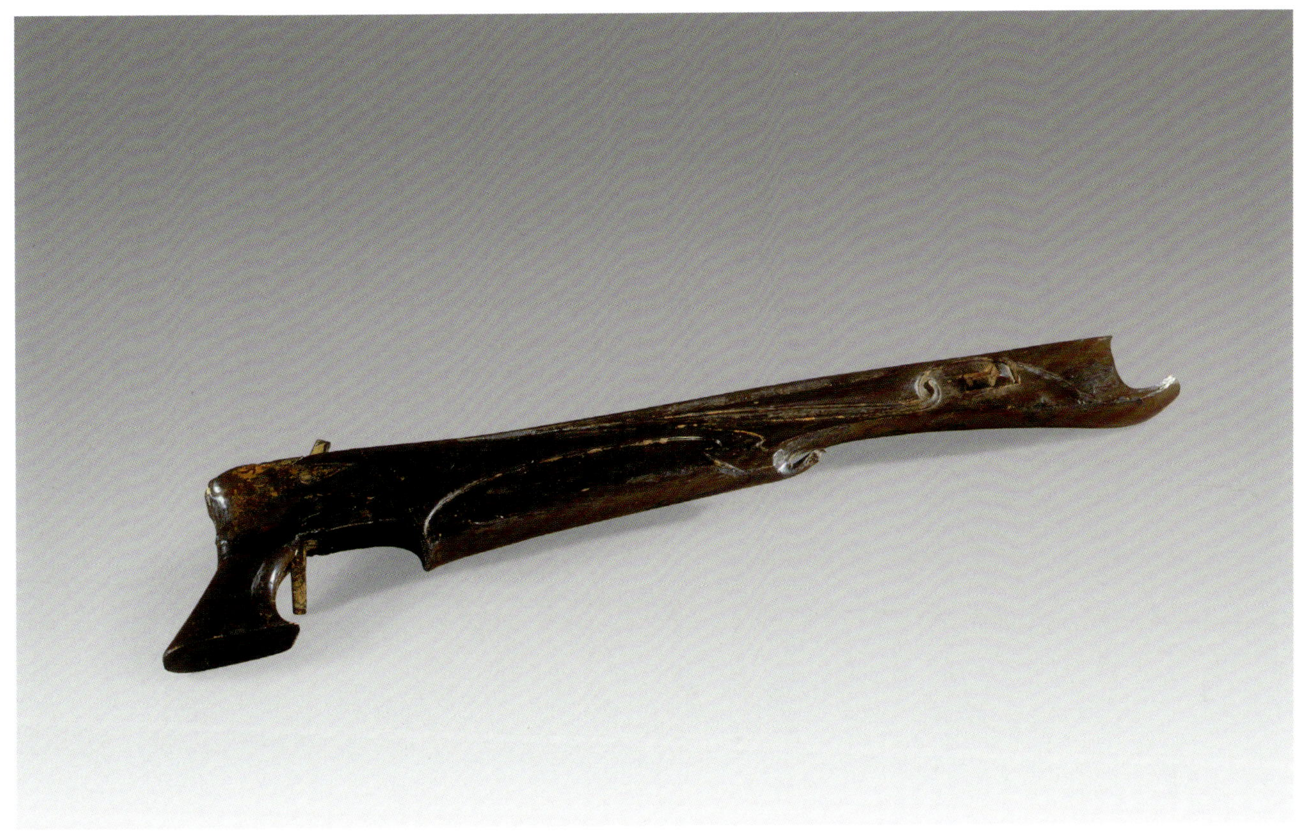

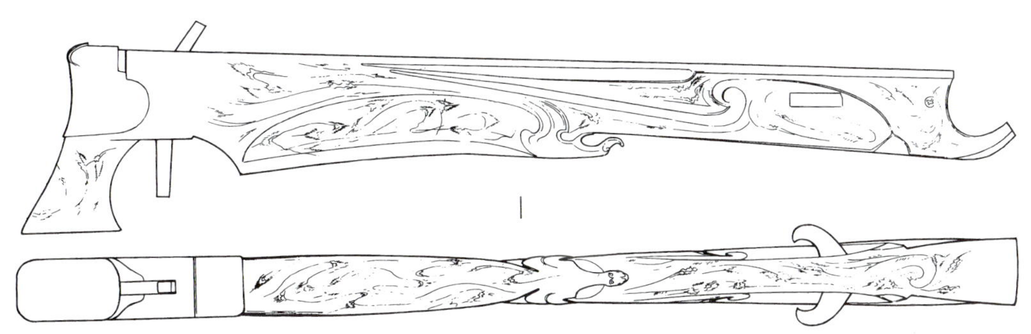

98　漆木弩

西汉早期（公元前206～前141年）

通长68厘米

湖南省长沙市马王堆三号墓出土

湖南省博物馆藏

此为弩臂，出土时尚有弓、箭、箭箙等。弩臂为木制，外髹漆彩绘。前段有承弩弓的凹槽，后段有装弩机的刻槽，末端有踵和护板。机槽内的弩机有钩心、机牙、悬刀等，由键组装在机部之内，所有构件全由牛角制成。弩臂外锥刺彩画云气纹，细若毫发。

这件弩臂比战国弩长大，显示了汉代弩的特点。以牛角制作弩机构件，属于非实战用弩，但制作之精，彩画之细则过之。具有特别重要的历史、艺术价值，定为国家馆藏壹级文物。

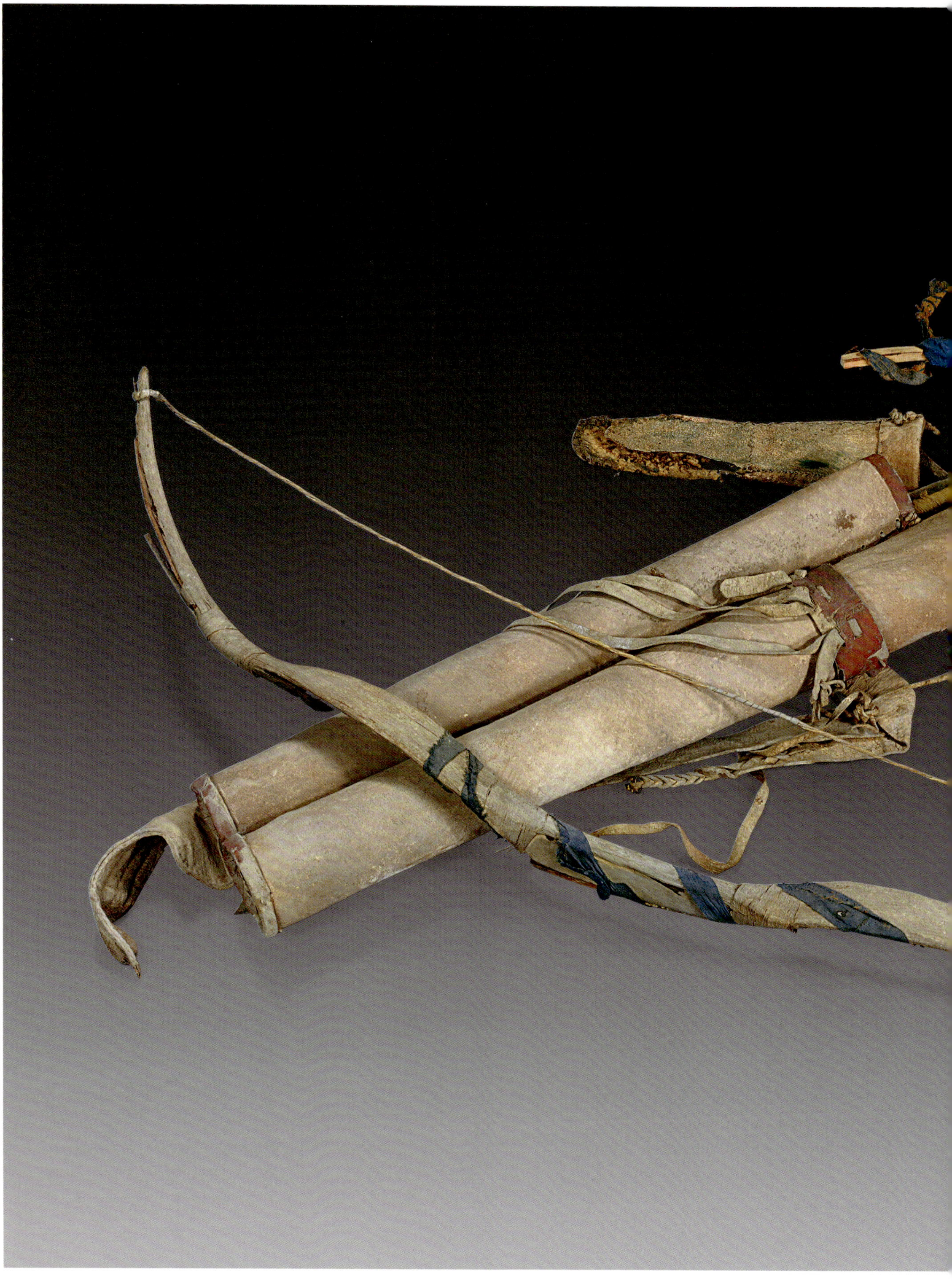

99　弓、箭、箭箙、弓弢、刀鞘

汉晋（公元前206～420年）

弓长135厘米，箭长84厘米，箭箙一长74厘米，另一长94厘米，刀鞘长36厘米，弓弢长110厘米

新疆民丰县尼雅遗址出土

新疆维吾尔自治区文物考古研究所藏

弓以木为干，附衬兽骨，外面用黄蓝绢带缠牢。箭箙两件，长短各一，都是用皮制作的，呈筒形。长箭箙有盖，外侧缀三根皮带。短箙无盖，与长箭箙联在一起，两箙上下和长箙联缀皮带的箍上髹红漆。在长箙内装有箭4支，箭镞木制，插在箭杆之上。箭杆也为木制，分为上、中、下三段，可以拆卸组装，末端有卡弦的括，呈叉形，括以上一段用麻绳缠绕数匝，以防劈裂。短箙内插一用绢带缠绕的钩形器物。弓弢是用两块兽皮缝制的。弓鞘也是皮制的，内以毛毡衬垫。

这是一套除格斗兵器之外的完整兵器装备，是研究汉晋兵器的重要资料。它们都是用有机材料制成的，也只有在甘肃、新疆的干旱缺雨地方才能保存至今。具有特别重要的历史价值，全套按一件计，定为国家馆藏壹级文物。

100 **铜刻度弩机**

西汉（公元前206～25年）

郭长18、悬刀长9.2、高21厘米，重1千克

安徽省舒城县出土

中国人民革命军事博物馆藏

有郭，各部件齐全。望山有刻度，使瞄准更加精确。从弩机的尺寸分析，当为强弩的弩机。对于西汉兵器的研究，具有特别重要的历史和艺术价值，定为国家馆藏壹级文物。

101　铜夔龙纹盾

秦（公元前221～前206年）

通高35.6、肩宽20厘米

陕西省临潼市秦始皇陵一号铜车右犄内侧盾箙内

秦始皇兵马俑博物馆藏

为铜质模型，整体呈平首亚腰形，两侧边角卷如云朵，平底。正面中部凸鼓，四周凹下，至边缘再卷翻，可有效地遮挡箭矢兵刃。背面正中有纵向盾架。盾架中部凸起呈桥形，形成盾握，铸皮条缠扎纹。盾的正背面均以天蓝色彩绘谷璧纹，白色云纹边框。中间以天蓝色、绿色等绘变形夔龙纹。形象各异，线条流畅。

这面铜盾虽是模型，但与实物别无二致，尺寸相当于实物的二分之一。由于盾多用漆木等材料制成，至今难见完器，更显得此盾珍贵。具有特别重要的历史价值和艺术价值，定为国家馆藏壹级文物。

102　铜兽面纹胄

商代后期（公元前1300～前1046年）

通高18.7、内径21厘米×18.6厘米

江西省新干县大洋洲商代大墓出土

江西省博物馆藏

胄体前脸下部较短，形成长方形缺凹，以便戴胄者露出双眼视物。两侧向下延垂以遮护双耳。后面当缀有皮甲片联成，遮护后颈的頓项。胄的前面上中有一条高突的凸棱，向上直达胄顶。胄顶有一根插装缨饰的铜管。胄的前脸以脊棱为中线，铸饰一个大兽面。兽面双眼突睛，双角巨大而下卷，狰狞而威猛。

此胄与商代中原地区的铜胄大同小异，具有重要的历史和艺术价值，定为国家馆藏壹级文物。

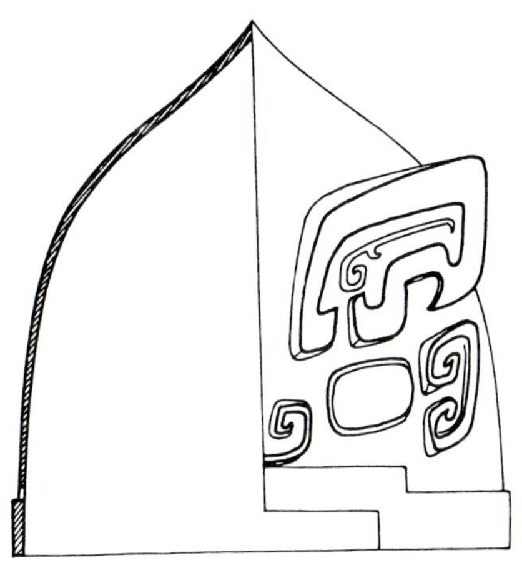
0 5 厘米

103 铜胄

西周晚期至春秋早期（公元前885～前677年）

通高24厘米

内蒙古宁城县小黑石沟墓出土

宁城县博物馆藏

胄顶圆弧，正中偏后有一方形纽，以供穿系缨饰之用。铜胄的前脸有双联弧形缺凹，戴胄后可以露出眉眼口鼻。后面有单弧形缺凹。左右两侧下垂以遮护双耳脸颊，下缘前后各铸出一个长方形穿鼻，以供系带之用。胄的整体素面无纹，只在下缘铸一道凸起的棱边。

此胄质朴无华，为实用防护用器，在北方草原牧猎民族兵器中不多见。具有特别重要的历史价值，定为国家馆藏壹级文物。

104 **铜刻鸟兽鱼虫纹臂甲**

战国（公元前475～前221年）

通长21.7厘米

云南省江川县李家山滇墓出土

云南省博物馆藏

整体呈上粗下细的筒形。上端开岔口，下端有一排两两相对的钉孔。臂甲外表錾刻了十七只动物，有猛虎搏野猪，豹啮雄鸡，雄鸡啄蜈蚣，还有猿猴、蜜蜂、游鱼等，线条流畅，图像逼真。

此为古代西南少数民族滇人所用的防护器械，套在小臂上以避刀矢。臂甲錾刻的图像生动，刻划虎豹则钩爪利齿，刻划猿猴则回首缩足。图像多而不乱，蕴含了古滇人的信仰和理念。是一件不可多见的艺术珍品，具有特别重要的历史、艺术价值，定为国家馆藏壹级文物。

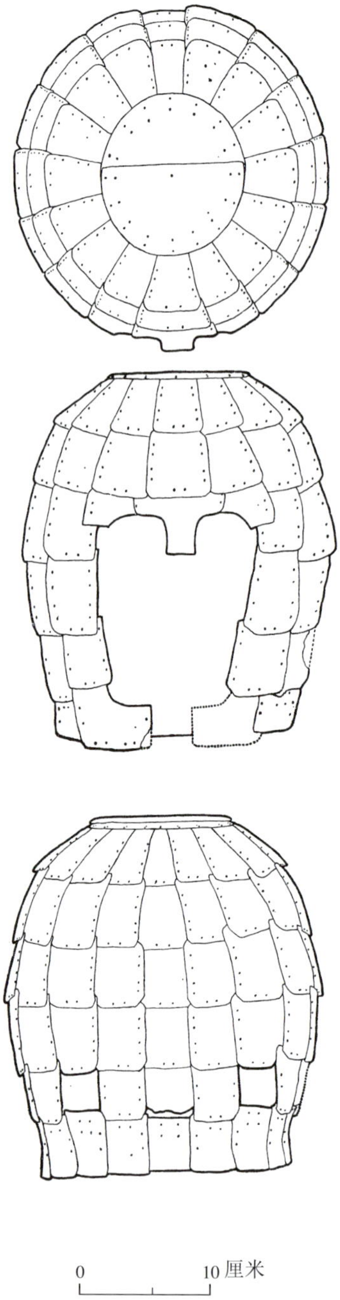

0 10厘米

105 **铁胄**

战国（公元前475～前221年）

高26厘米

河北省易县燕下都44号墓出土

河北省文物考古研究所藏

整体呈倒置的鍪形，前面开脸。系用89块铁甲片编缀而成。其编缀方法是先用两块半圆形甲片拼接为顶。再用圆角长方形甲片以上层压下层，前片压后面的方法编缀兜鍪体。这些甲片大小、形状略有差别，高4～5厘米。只有护额、护腮的4块甲片呈└、┐形，护额心的一块甲片呈倒置的“凸”字形。

这件铁胄编缀精良，能较完整保存至今已属罕见。说明到了战国时期，特别是战国晚期铁胄、铁甲等防护装具已经出现，打破了铜胄、皮甲一统军队的格局。它与矛、戟、剑等钢铁兵器同出，预示这类新的质地兵器的勃勃向上的生命力。具有特别重要的历史、艺术价值，定为国家馆藏壹级文物。

106　石胄

秦（公元前221～前206年）

胄高32、宽32厘米，重3.168千克

秦始皇陵K9801号陪葬坑出土

秦始皇兵马俑博物馆藏

石胄呈兜鍪形，由74块石甲片编缀而成。横行五排，顶片为圆形，中间有孔和铜环，可系缨饰。其他甲片有梯形，板瓦形和凸形。石片磨制精细，周边穿孔。以供穿缀。

这顶石胄的形制具有较好的防护性能。它的发现，也更正了“秦军无胄”的记载。具有特别重要的历史价值，定为国家馆藏壹级文物。

107 石甲

秦（公元前221～前206年）

甲高74厘米，重18000克

秦始皇陵K9801号陪葬坑出土

秦始皇陵博物馆藏

石甲分为前后甲身、甲裙、双肩和左右披膊。甲片较大，其形状有长方形、正方形、梯形、舌形和圆形，用扁铜条联缀而成。全甲共用甲片621片。

这袭甲虽为石质，但从形制来看，比战国的甲进步了许多。具有特别重要的历史价值和艺术价值，定为国家馆藏壹级文物。

108 铁胄

西汉早期（公元前206～前141年）

高42厘米，重4.7千克

江苏省徐州市狮子山楚王陵出土

徐州楚王陵汉兵马俑博物馆藏

铁胄分为胄体和保护颈项的垂缘两部分，用铁甲片编缀而成。顶片为圆形，中间有孔可系缨饰。其他有长方形、梯形、L形等。全胄共用甲片120片。

这顶铁胄与秦始皇陵出土的石胄形制相似，并在继承的基础上有所发展，增加了保护颈项的垂缘，其防护性能更好。具有特别重要的历史价值，定为国家馆藏壹级文物。

109 金银珠云龙纹甲胄

清·乾隆（1736～1795年）

甲衣长73、甲裳长61厘米

传世品

故宫博物院藏

这套甲胄制于公元1761～1764年，分为盔、甲衣和甲裙三部分。盔用皮制成，外髹黑漆，镶金，嵌珍珠。甲衣为对襟袄式，两肩加掩膊，甲裙做成片状，前面从中分开。均以丝棉等料为衬，再用包金、银和漆成黑色的钢制小甲片钉成山、海、云、龙等图案。全套甲共用小钢甲片60多万片。甲衣领上嵌“大清乾隆御用”金色铭文。

这套甲胄极尽华美，通身珠光宝气，数条金龙腾跃于山海之上、云朵之间。集实用与华贵于一体。具有特别重要的历史、艺术价值，一套按一件计，定为国家馆藏壹级文物。

110 漆绘兵器架

西汉早期（公元前206～前141年）

长55.4、通高84厘米

湖南省长沙市马王堆3号墓出土

湖南省博物馆藏

整体由底座、支柱和架板构成，全为木制。底座呈覆斗形。髹黑漆地，用朱、黄色彩绘云气纹。立柱呈八棱形，中部偏上有一球形装饰，立柱髹棕色、朱红色漆。架板呈长方形，两面均髹漆彩绘。其外框髹朱漆，中部以黑漆为地，上用朱、黄、绿诸色彩绘云气纹，纹饰笔法酣畅。架板中部自下而上突出三排五个木弯钩，中下两排各两个，左右对称，上排一个，居中。出土时，中排木钩上架带鞘剑一柄。

汉代的兵器架只在画像石上发现有形象资料，实物极为少见。具有特别重要的历史和艺术价值，定为国家馆藏壹级文物。

111 铜鸟形杖首、铜人形镦

春秋（公元前770～前476年）

杖首高26.7、镦高30.6厘米

浙江省绍兴县中庄村出土

绍兴县文物保护管理所藏

原为一件铜杖，因木柄腐朽，遗存铜杖首和镦。杖首由下至上渐细，两道箍棱将其分为三段。饰阴线三角形蝉纹、云纹、绹索纹。杖首顶一鸟，鸟短喙扇尾，身饰鳞状羽纹，似鸠。作展翅飞翔状。铜镦上粗下细，也有两道箍棱，镦上所饰纹饰与杖首大同小异。镦下接铸一铜人形。铜人头梳髻，绣衣束带，坐姿，双手抚于膝上。

铜杖本是象征权贵之物，也可用作护身兵器。这类器物发现较少，加之此杖制作极精极细，具有特别重要的历史和艺术价值，一套按一件计，定为国家馆藏壹级文物。

112 铜鸟形杖首、铜人形镈

春秋（公元前770～前476年）

杖首长21.2、镦长19.2、径3.4厘米

江苏省丹徒市北山顶春秋墓出土

南京博物院藏

杖首呈上细下粗的筒形。筒上有两道凸棱，杖首顶铸一鸟。杖镈上粗下细，筒上也有两道凸棱，镦末铸一坐姿人形。杖首、杖镦纹饰相同，均为细云雷纹。鸠鸟饰羽纹，坐人饰云雷纹。

这类铜杖很少发现，既是权杖，又是防身兵器，具有吴越铜器风格。对研究春秋时期南方吴越文化大有裨益，具有特别重要的历史、艺术价值，一套按一件计，定为国家馆藏壹级文物。

113 铜错金银杖首

春秋（公元前770～前476年）

通高13、长20.5厘米

山东省曲阜市鲁国故城墓葬出土

山东省博物馆藏

此器粗看似为长尾回首鸟形。仔细观察，则有很多变化。鸟身下部是一头龙形怪兽。怪兽大头长吻，张口衔住一鸟头蛇身兽。鸟身背部，龙形怪首上部，又有一蛇形兽咬噬一兽头，此兽头张口衔鸟尾。銎筒接铸于鸟身之下，銎口呈卵圆形。铜杖首通体用金银错饰花纹。

这件铜杖首造型怪异，构思奇巧，又以金银镶错，器主是鲁国的贵胄。具有特别重要的历史、艺术价值，定为国家馆藏壹级文物。

114 **铜弓形器**

商代后期（公元前1300～前1046年）

通长31、高5.3厘米

河南省安阳市小屯5号墓出土

中国社会科学院考古研究所藏

其中段扁长而弓起，两端多伸出一个弧曲的臂枝。中段器面铸饰蝉纹四个，以中线为准，头向相对，每边各二。蝉纹镶绿松石片。蝉纹之上，各立雕一龙，龙头均朝向中线，与蝉纹头向相同，龙的眼部及身上也镶绿松石。两臂枝的首端均铸成马头形。

弓形器固定在驭手的腰部，两臂枝上套挂马缰，帮助驭手驾车控制马匹。这件弓形器铸饰精美，具有特别重要的历史、艺术价值，定为国家馆藏壹级文物。

115　铜虎纽錞于（3件）
春秋（公元前770～前476年）
大者：高56.5、口径24.5厘米
中者：高49.6、口径22.3厘米
小者：高43、口径20.8厘米
江苏省丹徒市谏壁王家山春秋墓出土
分别藏于南京博物院、镇江博物馆

这组錞于与常见錞于形制迥异，顶部弧凸，虎形纽，圆肩，中腰弯向一侧，凹处有龙形扉棱。錞于口在下，呈椭圆形，外侈。器身上部浮雕一人面纹。围绕人面纹三组变体云纹、螺旋纹相间，下部饰鸟纹、变体云纹。

錞于为军伍打击乐器，《周礼·地官·鼓人》云“金錞和鼓”，为将帅指挥进退之用器。三件錞于形制、纹饰相同，尺寸次递减小，当为一组。錞于出土于春秋时期吴国墓中，有特殊意义，三件一组同出一墓，更为难得。鉴于其形制、数量、时代及出土地域，按三件计，每件定为国家馆藏壹级文物。

116 **铜虎纽錞于**

汉（公元前206～220年）

通高45、盘首面径25.2、足径21厘米

湖南省湘西土家族自治县博物馆提供

中国人民革命军事博物馆藏

铜质，椭圆盘首，肩部突出，腹部向下收缩，作椭圆柱形，肩大腰小，近似筒形。錞于顶部中央铸有虎形纽，虎仰头张嘴，锯牙翘尾。中空。器身完整。铜色青绿有光泽。錞于是我国古代军乐器，战时常与鼓配合使用。这件虎纽錞于保存完整，展示了巴蜀文化的独特魅力。具有特别重要的历史、艺术价值，定为国家馆藏壹级文物。

117 **铜兽面纹鼓**

商代后期（公元前1300～前1046年）

通高75.5、鼓面直径39.5厘米

1977年湖北省崇阳县出土

湖北省博物馆藏

鼓身略呈筒形，上部长而下部略短。鼓面呈圆形，横置。鼓身上方有马鞍形冠饰，近鼓身处有圆形穿孔，用来穿绳悬挂。鼓身下接方形圈足状鼓座。除鼓面外，通体饰细线云雷纹构成的兽面纹。鼓身上均匀分布凸起的乳钉，两端有三排细密的乳钉，为仿皮制鼓鼓钉之形。

鼓为古代军乐器，“闻鼓则进”。这件铜鼓制作精美，乃古代军乐器的佼佼者。具有特别重要的历史、艺术价值，定为国家馆藏壹级文物。

118 铜一号车

秦（公元前221～前206年）

通长225、通高152厘米

陕西省临潼市秦始皇陵西侧

秦始皇兵马俑博物馆藏

车为双轮独辀轺车形式，全为铜制。驾车的四匹马也为铜铸成。车厢呈横长方形，车厢后开门。车厢上树一圆形伞盖，伞下立一驭官俑。驭官俑身微微前倾，腰佩剑，双手执辔。铜车前轸与车轼的掩板上置一架弩，左轸前部置箭箙，右锜内侧盾箙，箙内插有一面铜盾。车厢前部还有一笼箙。笼箙上有铰链，箙内装各类铜箭54支。

这乘铜车的出土与修复，使我们形象地了解了古代兵车的形制、构造。从出土情况分析，它应是秦始皇的导车模型，并担负警卫任务。具有特别重要的历史、艺术价值，全套定为国家馆藏壹级文物。

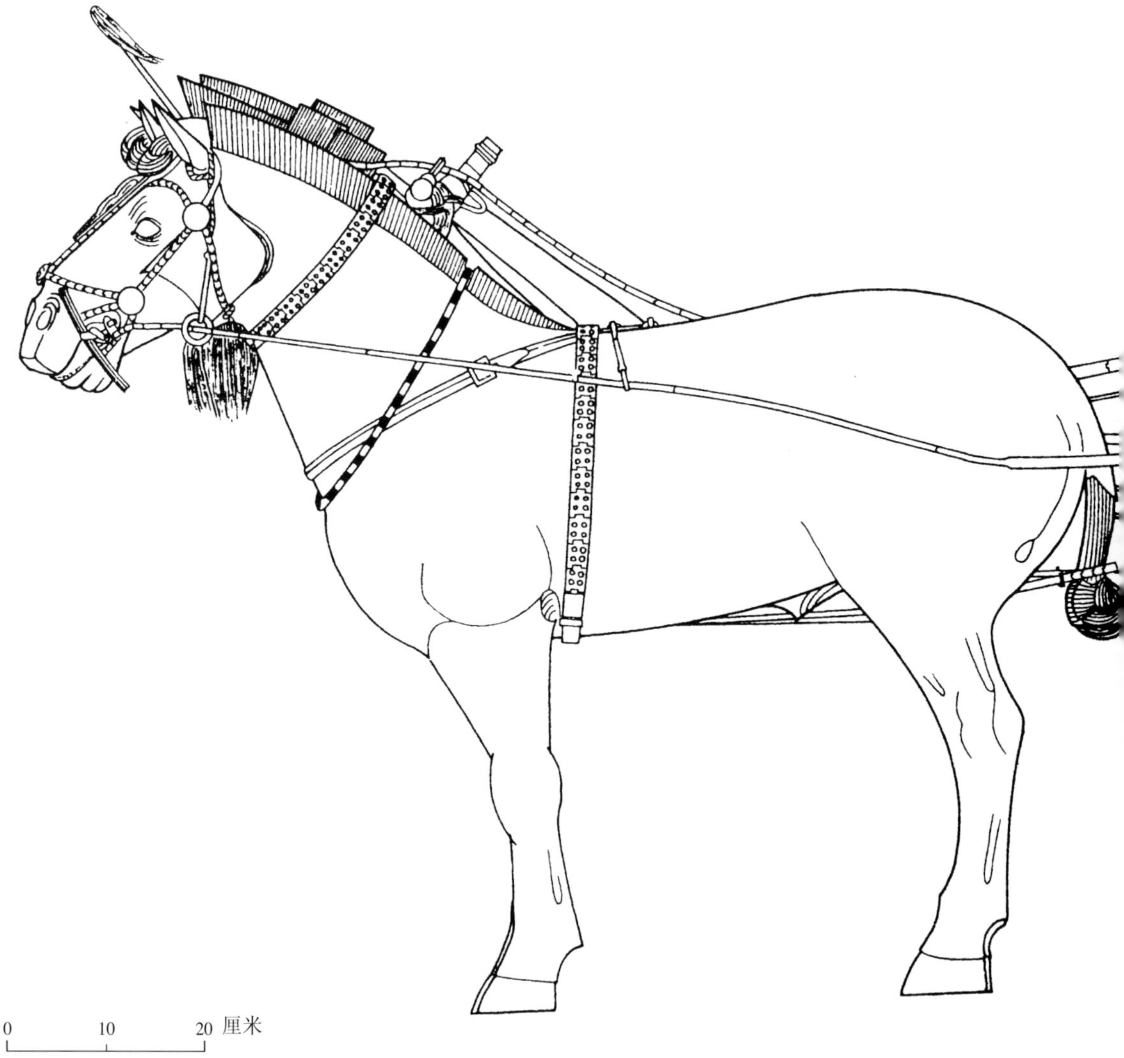

0 10 20 厘米

119 铜“阳陵”虎符

秦（公元前221～前206年）

长8.9、高3.4厘米

传山东省临城县出土

中国国家博物馆藏

虎符分为左右两半，相合成为立体虎形。虎卧姿，扬首卷尾。左右片颈背部各有错金铭文12字，铭文完全相同，“甲兵之符，右在皇帝，左在阳陵”。

虎符为调兵所用。这件虎符为秦始皇调动军队的凭信，一半由皇帝掌管，另一半存在阳陵守将处，验符发兵。这件虎符虽小，但在当时举足轻重。具有特别重要的历史价值，定为国家馆藏壹级文物。

120　**铜错金铭文虎节**

西汉早期（公元前206～前141年）

长19、高11.6、厚1.2厘米

广东省广州市南越王墓出土

南越王墓博物馆藏

符节的整体铸成弓身伏虎形。虎头昂起，暴睛巨口。虎尾上卷成S形，足爪清晰。虎的双眼、耳孔用金箔装饰。躯体用柳叶形金箔镶贴虎斑纹。一面（正面）有错金铭文四字和重文符号一个，“王命=车駐（徒）”。另一面只有金箔镶贴的虎斑纹而无铭。

这件虎节形体较大，其形象逼真传神，与其他的虎节差别较大，铭文也大不相同。有待深入研究。具有特别重要的历史、艺术价值，定为国家馆藏壹级文物。

0　3 厘米

121 铜虎符

隋代（581～618年）

通高4.5、长7.5厘米

甘肃省庄浪县阳川乡曹家塬出土

中国人民革命军事博物馆藏

黄铜质，为立虎状，嘴大张，前腿直立，后腿作蹬地状，尾巴直伸。虎符铸时从中一分为二，背面有阴刻铭文。一枚正面为阴刻小篆“长利府”3字，背面阴刻楷书“右武卫”“长利二”6字。另一枚正面为阴刻小篆“大华府”3字，背面阴刻楷书“左武卫”“大华府”6字；兵符是皇帝征调部队的凭证。一半为驻兵将官所持，一半为皇帝所持，两半相合方能调动部队。此虎符对研究隋代府兵制及军事历史具有特别重要的历史价值和艺术价值，两半为一副，按一件计，定为国家馆藏壹级文物。

122 **铜手铳**

元至正十一年（1351年）

通长43.5、口径3厘米，重4.75千克，铳口内径30毫米

1937年山东省青州市苏埠屯发现

中国人民革命军事博物馆藏

筒形。整个铳铸有加强箍六圈，铳口外沿及前膛部位铸三圈箍，药室上下铸两圈箍，尾銎铸一圈。药室呈球形隆起。尾銎中空可安木柄，以用手持，此铳为单兵使用的。在铳的前膛、药室、尾銎部位有铭文“射穿百扎　声动九天”、“龙飞　天山”、“至正　辛卯”。尾銎口缘的两侧有两个小孔，可用铁钉固定木柄。元代创造的金属管形火器是我国乃至世界兵器史上的一大创造。此铳结构比例合理，铸造精美，是现存最古老的火铳之一，对研究古代火兵器具有特别重要的历史、科学价值，定为国家馆藏壹级文物。

123 **铜手铳**

明洪武十一年（1377年）

长44、口径2.4厘米，重2.1千克

内蒙古自治区托克托县黑城古城墙内出土

中国人民革命军事博物馆藏

此铳由前膛、药室、尾銎三部分构成。铳身前膛部分较长，药室呈椭圆形球体，尾銎部呈喇叭形。在铳的口沿、药室前后，以及尾銎口沿均铸有加强箍。药室上有火门。铭文分铸在铳的前膛、药室以及尾銎部位，“凤阳行府造／重三斤八两／监造镇抚刘聚／教匠陈有才／军匠崔玉／洪武十年月日／造”。明初所造铜铳，特点是口径小、身管长、射程远。此手铳较元代手铳口径更小，管身加长，制造更精致。此铳铳身铭文标有制造地、制造部门、监造官职姓名、工匠姓名、重量和制造年月。对研究明代火兵器及军事装备具有特别重要的历史价值，定为国家馆藏壹级文物。

124 **铜碗口铳**

明弘治十八年（1505年）

通长26.5、口径7.5厘米

中国人民革命军事博物馆藏

此铳的构造是由碗口、前膛、药室、尾銎四部分构成。口沿似碗形，前膛筒状，药室呈圆球形，尾銎部呈微喇叭形状。沿袭元代大碗口铜铳，整个铳的管壁比元代加厚，可以装更多火药。在铳的口沿、药室前后，以及尾銎部位共铸有四圈加强箍。前堂炮身部位有阴刻竖双排铭文“弘治十八年二月奏　准胜字号”，尾銎部有铭文“徐”字。此铭文记载了铸铳的时间、铳的编号以及人员姓氏。此铳可安装在木架上发射。也可将两铳安装在可旋转的木架上的两头，轮换旋转装填发射，明显提高了射速。此铳对研究明代火兵器有着特别重要的历史价值，定为国家馆藏壹级文物。

125 刘春造铜子母铳

明嘉靖二十四年（1545年）

母铳长64、口径2.8、子铳长15.5、口径1.6厘米

河北省抚宁县庄河乡城子峪出土

中国人民革命军事博物馆藏

为西式佛郎机仿品。由母铳和子铳两部分组成，其中母铳1枝，子铳4枚。母铳由前膛、长口、尾銎三部分组成。前膛长39厘米，长口长18厘米，尾銎长7厘米。铳口内径0.27厘米，口沿厚1厘米。长口凹下呈半圆形，后沿两侧末端各有一个2厘米长、0.8厘米宽的小口。尾銎内径0.35厘米，中空，口大里小，均有木柄痕迹，已腐朽。长口与尾銎连接处左侧有一个2厘米宽横纽，纽中有一竖孔。整个铳身铸有七道加强箍。最大外径6.35厘米，重4千克。铳身阴刻一行铭文：“嘉靖二十四年造　胜字三千二百五十八号　隆庆四年京运。”尾銎刻有“铸匠刘春”铭。

子铳4枚，形制均一致。由前膛、药室、尾冠三部分构成。前膛长8厘米，药室长6厘米，尾冠长1.5厘米，铳口内壁直径15毫米，口沿厚5毫米。药室中部上方有一小火线孔。药室两端上方各有1毫米宽高的提銴，中各有一绳孔。通体3道加强箍，最大外径35毫米，重0.85千克。铳身阴刻铭文一行，字款均是“胜”字号。这组子母铳，铭文清晰，工艺精良，体积小，重量轻，且便于携带，最宜于野战时步骑兵使用，是嘉靖年间火器制造的精品。子母铳为中国火兵器史上后膛枪炮的开山之器，是标志中国火兵器由低级向高级发展的佐证。此铳对研究明代火兵器具有特别重要的历史、科学价值，定为国家馆藏壹级文物。

126 铁红夷型火炮

明崇祯六年（1633年）

通长150、口径6.5厘米

中国人民革命军事博物馆藏

铁质，炮口小后膛大，口沿和尾部均铸有加强箍。有炮耳，以便把炮搭在炮架上。炮耳上下亦铸有两圈加强箍，带铁环。在炮身管部铸有竖排铭文“崇祯六年　岭西道左布政王　总督两广军门熊　督造　官　万文浩　何吾熙　张尚文”。明代铁炮出土较多，有铭文的却很少。其铭文记载了铸炮的年份、地域，以及人员和其官职。其形制仿西式火炮，在明与后金作战中，发挥了重要作用。对研究明代火兵器有着重要的研究价值，具有特别重要的历史价值，定为国家馆藏壹级文物。

127 **铜威远将军炮**

清康熙二十九年（1690年）

通长70、口径21.2厘米

中国人民革命军事博物馆藏

1690年制，铜质，火门铸铁，为一种大口径短身管的前装臼炮，炮身筒粗短，有六圈加强箍，前粗后敛，炮中部置耳，用以支撑、平衡炮体和调整射击角度。以四轮木质炮车承载，发射铁弹。炮身后部刻有满、汉铭文：“大清康熙二十九年　景山内御制威远将军　总管监造御前一等侍卫海清　监造官员外郎勒理　笔怙式巴格　匠役伊邦政　李文德。”炮膛分为前膛和药室两部分，前膛深37.5厘米，药室深16厘米，直径10厘米。此炮杀伤面积大，在康熙平定中国西北部葛尔丹叛乱和清军多次对敌作战中发挥了很大的作用。其铭文对研究清代军工制造业提供了重要的实物资料。康熙时，无论是火器的制造规模、品种数量，还是火器的性能、制造工艺等方面都达到了高峰。此炮具有特别重要的历史、科学价值，定为国家馆藏壹级文物。

贰级文物

128 铜銎内有龠戈

商代后期（公元前1300～前1046年）

通长22.1厘米

河南省安阳市后冈祭祀坑出土

中国社会科学院考古研究所藏

戈援较长，上、下刃向前缓收成前锋。中部有脊棱。下刃靠后段下垂成短胡。援后有阑。内的前段有銎，銎口呈卵圆形。銎两面各开一长方形穿。内的后段扁方，下角有缺。另有戈龠一个，龠的上部作伏兽形，下部呈筒帽形，两面有钉孔。龠原装在柲顶，以保护戈柲。

这柄戈的銎有特色，与龠一起出土不可多见。具有重要的历史价值，定为国家馆藏贰级文物。

129 铜銎内戈

商代（公元前1600～前1046年）

长20.5厘米

河南省西平县谭店乡废品收购站拣选

河南省西平县文物管理委员会藏

戈援略呈窄三角形，有脊棱，前锋圆弧。援后的内较长，内前部有椭圆形銎，内末呈方形。

这件戈保存较好，戈体厚重，具有商代中期戈的典型特征。具有重要的历史价值，定为国家馆藏贰级文物。

130 **铜齿刃戈**

商代（公元前1600～前1046年）

长21厘米

四川省广汉市三星堆2号祭祀坑出土

四川省文物考古研究所藏

戈援细长，前锋尖出如锥。脊棱细而不明显。两刃上各有7个齿突。阑几成方形，明显宽于戈援，中间有一圆穿。长方形内窄于戈阑。

具有重要的历史、科学价值，定为国家馆藏贰级文物。

131　**麋鹿骨戈**

西周（公元前1046～前771年）

长13.7、援宽3.4、内宽4厘米

江苏省仪征市丁桥村神墩出土

仪征市博物馆藏

为长胡戈式，用麋鹿骨制成。戈援较短，中间起脊棱。前锋圆弧，长胡，有阑，阑侧有两个竖长条形穿和一横穿。内作长方形，后下方抹角。内上有一圆穿和一长条形穿。

戈的形制比较常见，但用麋鹿骨制作的很少，为西周时期的制骨工艺提供了新资料，具有重要的历史价值，定为国家馆藏贰级文物。

132 **铜銎内有胡戈**

西周晚期至春秋早期（公元前885～前677年）

通长27、銎最大径2厘米

内蒙古自治区宁城县小黑石沟出土

内蒙古自治区文物考古研究所藏

援上刃平直，下刃前段较直，与上刃收成前锋；后段向下弧曲，形成短胡。戈中部自銎筒向前直前锋有脊棱。援末有上下阑，下阑突出胡下，下阑有一穿。戈援后接铸銎，銎口呈扁圆形。銎后为扁方形短内。出土时銎筒内遗存木柄朽痕。

在中原地区，商代的銎内戈为直援无胡，西周以后銎内戈鲜见。此戈有銎有胡，结合了商代銎内与后来有胡的特点。具有重要的历史价值，定为国家馆藏贰级文物。

133 **玉卷云纹戈**

春秋晚期（公元前571～前476年）

长23.8、援宽9.1、厚0.6厘米

河南省桐柏县月河镇左庄村北春秋墓地1号墓出土

河南省南阳市文物研究所藏

为直内戈形式，整体扁宽。戈锋收聚较缓，前锋弧钝。援末无栏，中有一较大的圆孔。援末上下各有一小圆穿。援面两面均以减地手法阴刻曲内戈形，又满琢卷云纹。直内中部一穿，后段琢卷云纹。玉色青而微黄，有沁斑。

此戈雕琢满工，纹饰有新意。惜已断裂。具有重要的历史、艺术价值，定为国家馆藏贰级文物。

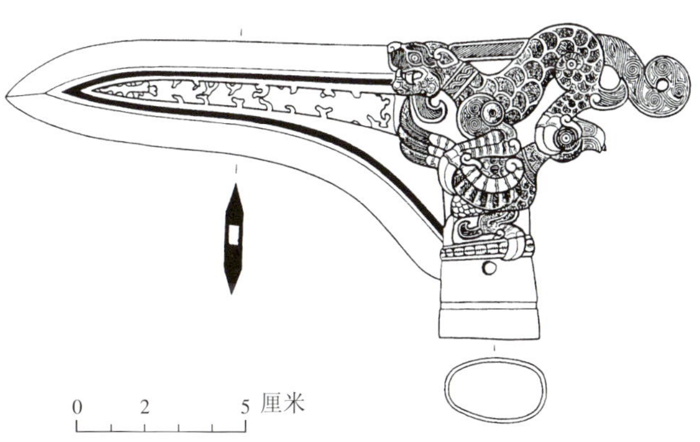

134 铜虎鹰搏击戈

春秋晚期（公元前571～前476年）

通长20.3、援长13厘米

山西省太原市金胜村春秋墓出土

山西省考古研究所藏

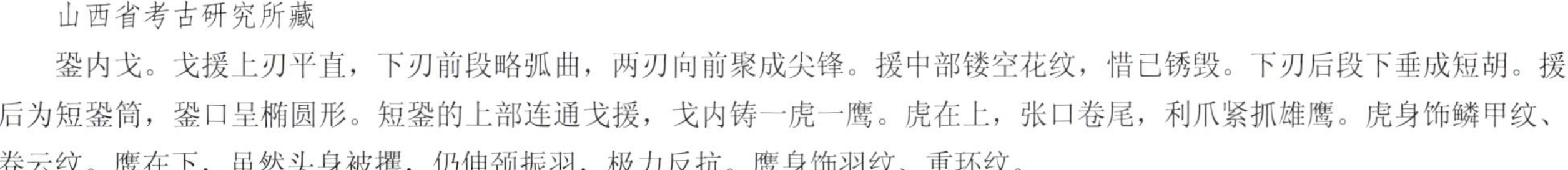

銎内戈。戈援上刃平直，下刃前段略弧曲，两刃向前聚成尖锋。援中部镂空花纹，惜已锈毁。下刃后段下垂成短胡。援后为短銎筒，銎口呈椭圆形。短銎的上部连通戈援，戈内铸一虎一鹰。虎在上，张口卷尾，利爪紧抓雄鹰。虎身饰鳞甲纹、卷云纹。鹰在下，虽然头身被攫，仍伸颈振羽，极力反抗。鹰身饰羽纹、重环纹。

这件铜戈铸造精美异常，猛虎和雄鹰各具神态，展示了当时的铸造工艺水平。虽然援部花纹残损，仍具有重要的艺术价值。定为国家馆藏贰级文物。

135 **铜“许公”戈**

春秋晚期（公元前571～前476年）

残长17.6、援宽3厘米

河南省淅川徐家岭9号墓出土

河南省文物考古研究所藏

这柄戈锈残。戈援、内均上昂。援中起脊棱，前锋残损，中胡、胡末方折。阑侧三穿，上面一个呈圆形，下面两个呈长方形。长方形内，靠前部有长方形穿，靠后部两面均铸饰凤鸟纹。戈援上部及胡上铸鸟虫书“许公之戈”。铭文及花纹错金。

此矛装饰华美，铭文及装饰工艺是研究春秋战国历史的重要资料，惜锈蚀严重。具有重要的历史、艺术价值，定为国家馆藏贰级文物。

136 **铜错金戈鐏、铜错金戈镈**

战国早期（公元前475年～前4世纪初）

戈鐏长7.6、高4厘米，戈镈高8、宽4.3厘米

山西省榆次市猫儿岭出土

榆次市文物管理所藏

为同一柄戈上的附件。戈鐏整体铸作回首鸟形。鸟有冠羽，隆背翘尾，用金银错饰卷云纹、羽纹和斜线纹。鸟下为短銎，銎口扁圆。銎上有一对钉孔。戈镈上段有短銎，銎口呈椭圆形。銎的两侧铸成变形鸟纹，下段铸大卷云纹，也以金银错饰花纹。

这两件铜戈的附件造型极为精美，金银错花纹华丽，具有重要的艺术价值，因只存戈鐏、戈镈，按一件计定为国家馆藏贰级文物。

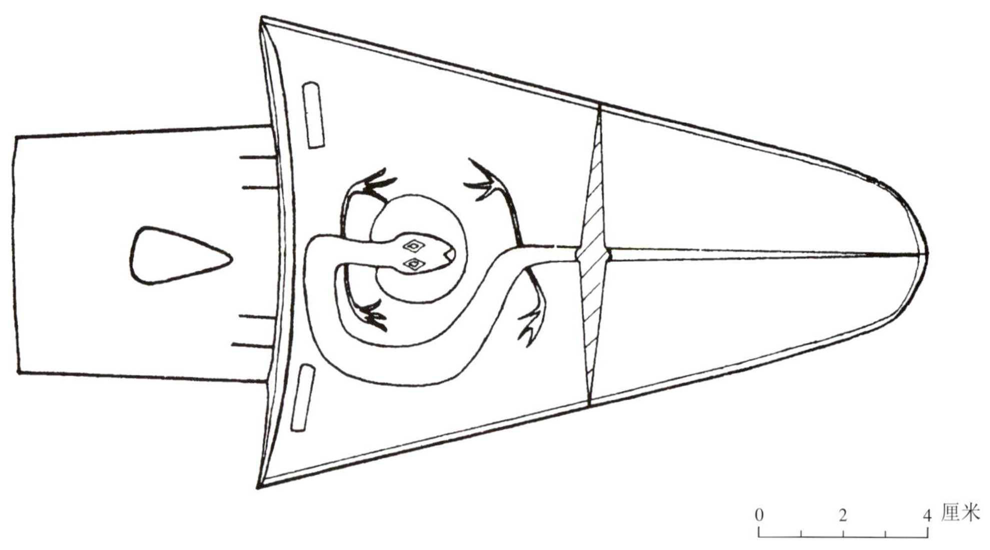

137 **铜蜥蜴纹戈**

战国（公元前475～前221年）

长21.6、援宽10.5厘米

四川省茂县南新牟托出土

茂县羌族博物馆藏

宽援呈等腰三角形，窄阑，阑旁有两个长方形穿。援的后段有一个大圆孔。援上铸蜥蜴纹。蜥蜴回首，头圆雕探入圆孔。身弯曲，长直尾为戈的脊棱。方内，内前部有一近三角形穿。

此戈的蜥蜴纹生动，展示了巴蜀文化的独特艺术魅力。保存完好。具有重要的历史、艺术价值，定为国家馆藏贰级文物。

138 **铜短骹矛**

商代后期（公元前1300～前1046年）

通长25厘米

河南省安阳市孝民屯917号墓出土

中国社会科学院考古研究所藏

矛叶上段斜收成前锋，后段内收而下展，几乎达骹筒口，收成平底。近叶底左右各有一孔。骹筒较短，伸入叶的中部，上段饰三角形叶纹，下段饰兽面纹。

这种类型的矛也是商代军队常用的矛，反映了商代军队的装备状况。此矛具有重要的历史价值，定为国家馆藏贰级文物。

139 **铜半环纽矛**

商代后期（公元前1300～前1046年）

通长26.6厘米

河南省安阳市孝民屯南729号墓出土

中国社会科学院考古研究所藏

矛叶较宽，前锋尖锐，后部两锋圆弧。骹筒长直如锥，直达锋尖，断面呈菱形。骹筒两侧各有一个半环形纽（乔）。矛身光素。

这种宽叶矛是商代军队中所用矛的基本形制之一。此矛铸造精良。具有重要的历史价值，定为国家馆藏贰级文物。

140 铜方格纹长骹矛

战国（公元前475～前221年）

通长25厘米

四川省彭州市政和乡出土

彭州市博物馆藏

矛叶形如柳叶，窄而长，两刃锋利。骹筒甚长，近筒口处两侧各有一个耳形纽。骹筒的断面呈八棱形。矛通体饰纵向黑白交错分布的长方格纹。

此矛为巴蜀式，整体造型修长，铜质好，铸造精良，而且黑白交错的方形纹极具特色。具有重要的历史、艺术价值，定为国家馆藏贰级文物。

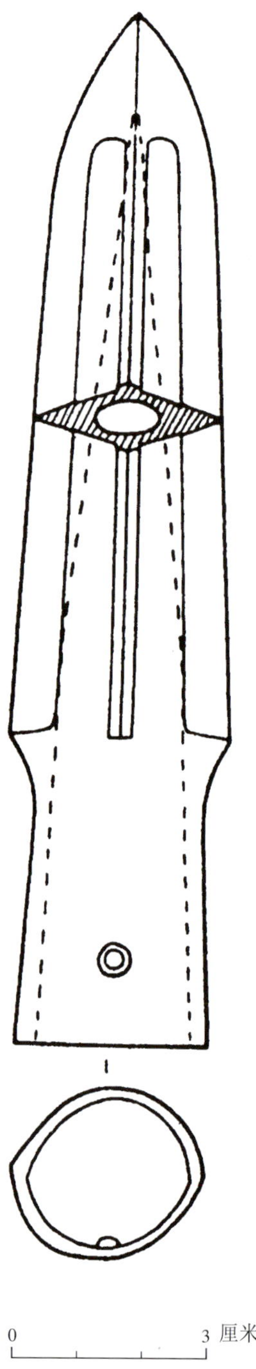

141 铜“寺工”矛

秦（公元前221～前206年）

通高15.4厘米

陕西省临潼市秦始皇兵马俑坑出土

秦始皇兵马俑博物馆藏

矛身短宽。两刃斜收成前锋。矛身中部突起棱脊，两侧凹下，形成血槽。骹筒较短，筒口呈椭圆形。在骹筒口有钉孔一个。钉孔之上有刻铭“寺工”二字。也为秦官署所造。

这件铜矛锋刃锐利，无锈斑。矛叶上开血槽，当为杀伤力很强的实战兵器，“寺工”铭文兵器当是秦“重耕战”的极好证明。具有重要的历史意义，定为国家馆藏贰级文物。

142　铜螭首纹矛（2件）

西汉（公元前206～25年）

长23.2、刃宽2.4厘米

江苏省仪征市詹庄汉墓出土

仪征市博物馆藏

矛叶较窄，直刃，前锋略成三角形。中间纵起脊棱。骹长，上段较细，断面呈方形，下部较粗，断面呈圆形。骹口内凹作圆弧形。在骹的上、中部各有一凸饰，上部的铸螭首，中部铸饰网格纹。

这两件矛形制相同，出土于同一墓中。造型特别，保存完好。具有重要的历史、艺术价值，每件定为国家馆藏贰级文物。

143 **铜吊人饰矛**

西汉（公元前206～25年）

长33.4、叶宽4.4、吊人高7.8厘米

云南省昆明市博物馆藏

矛长叶长骹，中部起脊。前锋圆锋。矛叶末端缓收，两边各有一个圆孔。孔上吊人，人赤身裸体，头发上竖。骹筒的上段也饰人头纹，阔鼻方口，两耳作矛纽。头发编成发辫，呈锥形，上竖成为矛脊。

此矛造型特别，具有古代滇文化的艺术之美。惜骹下段锈残，矛的吊人装饰已失去其一。仍具有重要的历史、艺术价值，定为国家馆藏贰级文物。

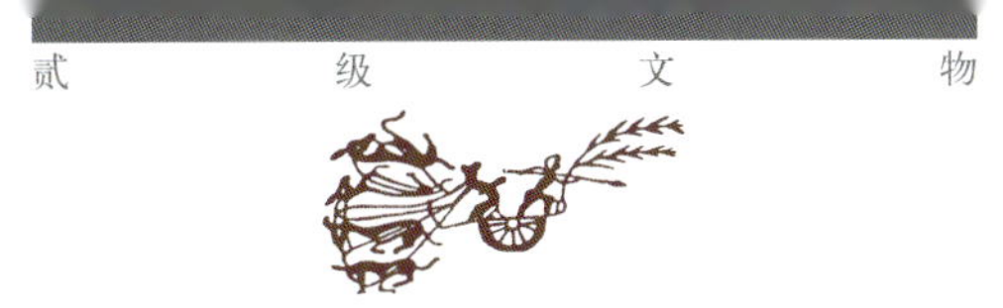

144 铜三角纹涡纹钺

商代后期（公元前1300～前1046年）

通长24.7、刃宽16.2厘米

河南省安阳市大司空村663号墓出土

中国社会科学院考古研究所藏

铜钺整体略显狭长。钺身扁平，两刃角外展，刃圆弧。平肩，靠近肩部有不太突起的阑。阑下铸饰三涡纹，涡纹之下饰三角纹。钺身后为长方形内，内略偏，上有一圆形穿。内后部也有纹饰，但不清晰。出土时，涡纹及内上纹饰内嵌有绿松石。

这件铜钺出自安阳殷墟，其主人当是殷商王室或显贵。具有重要的历史价值，定为国家馆藏贰级文物。

145 铜管銎斧

西周晚期至春秋早期（公元前885～前677年）

通长12.7、銎径1.2～1.8厘米

内蒙古宁城县小黑石沟墓葬出土

内蒙古自治区文物考古研究所藏

斧身呈长条形，两面中部向内凹，斧刃弧度不甚明显。斧身后接管状銎，銎筒口呈椭圆形。在銎筒与斧身相背的一侧，横出一蘑菇状钉帽。其作用当与戈内相同，也可以用于啄击。

这件管銎斧明显带有草原牧猎民族的风格，与同时期的中原兵器迥然不同。具有重要的历史价值，定为国家馆藏贰级文物。

146 铜鹤嘴斧

春秋晚期至战国早期（公元前571～前4世纪初）

通长14厘米

宁夏固原县鸦儿沟出土

宁夏回族自治区博物馆藏

铜斧类十字镐。中间为銎，銎孔呈椭圆形，前大后小。銎孔两端各斜出一斧身。左边的较长，呈棱柱状，前端收聚成尖锋；右边的略短，扁体，末段有斧刃。

从其形制看，鹤嘴斧当为单手使用的短柄兵器，也是北方草原牧猎民族所特有的兵器之一。有助于研究古代少数民族史和兵器史。具有重要的历史价值，定为国家馆藏贰级文物。

147　铜荷包形钺（5件）

战国（公元前475～前221年）

长18.5厘米

四川省新都县马家乡出土

四川省博物馆藏

这五件铜钺形制大小完全相同，而且同出于一处。铜钺平肩，刃圆弧。钺身之后接铸短銎，銎口椭圆，外部有凸棱。在钺身的上部正中，刻有特殊的巴蜀符号。

此为巴蜀兵器的典型铜钺，称“荷包式”钺。五件形制相同，大小一致，一起出土。具有重要的历史价值，每件定为国家馆藏贰级文物。

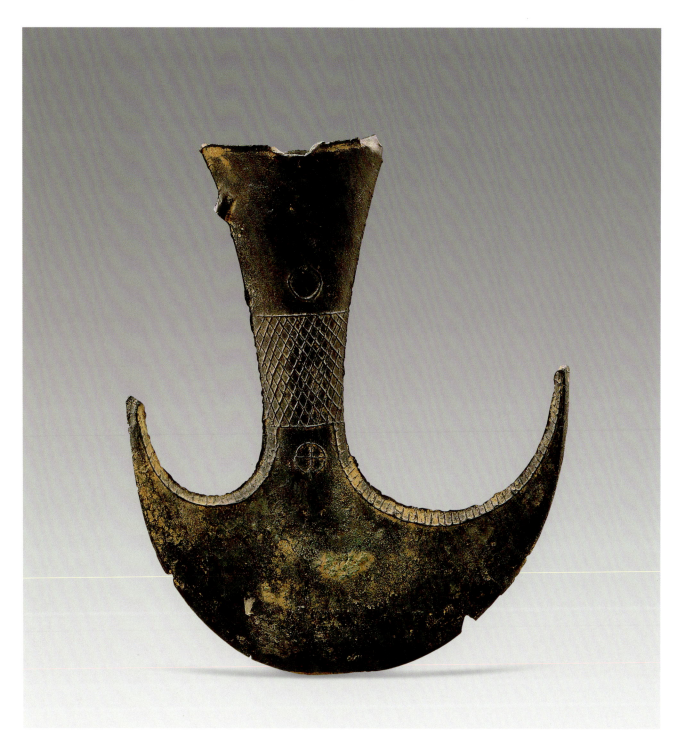

148 **铜靴形钺**

战国（公元前475～前221年）

高27.3、刃宽29.1厘米

云南省汶上烂坝田出土

云南省保山市博物馆藏

钺身宽扁，刃口圆弧，两刃角上翘，形如月牙。刃角一长一短，又形如靴。銎口较宽，銎筒中段饰斜纹网格纹。网格纹上下各饰一圆圈纹。下部的圆圈纹内有一个十字。近銎口有一纽。具有重要的历史、艺术价值，定为国家馆藏贰级文物。

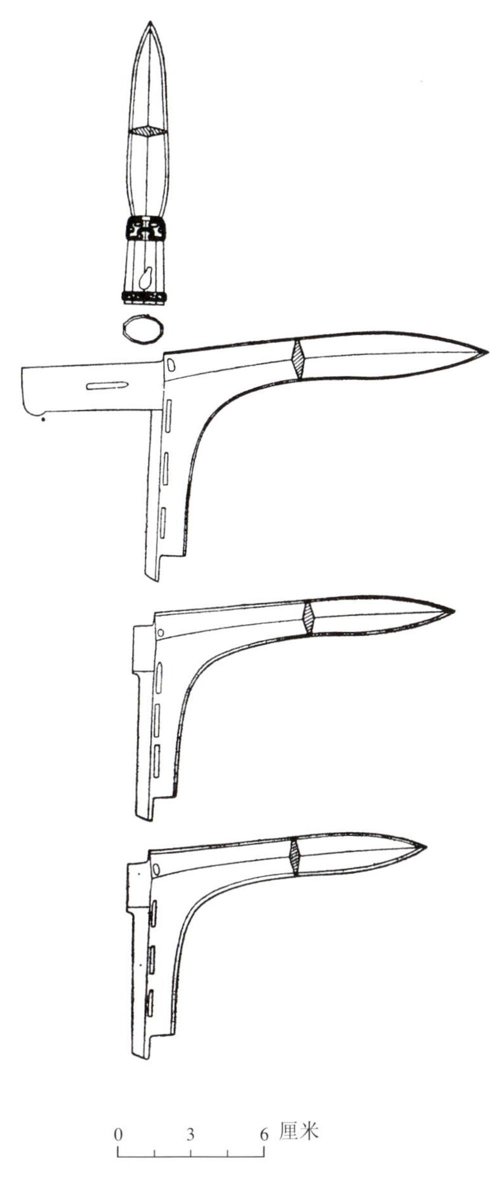

149　铜带刺三果戟

战国早期（公元前475年～前4世纪初）

戟刺长15.3、戟头最长者18.3厘米

湖北省随州市曾侯乙墓出土

湖北省博物馆藏

此戟由戟刺和三件戟头联装而成。戟刺形体如矛，唯骹筒断面呈扁体十面筒形。戟刺之下联装三件戟头。戟援瘦长，中长胡，阑侧开四穿。最上部一件有长条形内。下面两件内甚短。出土时，铜戟联装在积木柄柲之上。柲的断面呈卵圆形。柲末套角质镈。全戟通长约3.4米。

这种三果带刺戟的实物为曾侯乙墓首次发现，当为车战所用。具有重要的历史价值，四枚一套，按一件计，定为国家馆藏贰级文物。

150 铜卜字形戟

战国中晚期（公元前4世纪初～前221年）

枝长16、残高22厘米

河北省易县燕下都遗址出土

中国国家博物馆藏

戟刺与枝相交成直角，整体呈“卜”字形，所以这种戟称卜字形戟。此戟横枝长直，向前缓收成前锋。后面靠根部有一条形扁穿。戟刺扁长，上段残失。靠枝的一侧有突起的阑。阑侧有三个穿。和横枝相对的一面开直刃。戟上铸阳文。

这种卜字形戟以铁制的为多，始见于战国，盛行于两汉。其形制与以前的戟大相径庭，简洁而实用。铜制的卜字形戟少见，具有重要的历史价值，定为国家馆藏贰级文物。

151 **铜卜字形戟（2件）**

西汉（公元前206～25年）

长31.9、枝长14.5、厚0.5厘米

江苏省仪征市詹庄汉墓出土

仪征市博物馆藏

两件形制相同，戟刺长直，与胡一体，戟援横出，整体呈“卜”字形。援上有一椭圆形穿，胡上四穿，其中两个呈椭圆形，两个呈长条形。

这种卜字形戟是战国后期发展起来的主要兵器，简单而又实用。但多为铁制，因锈蚀严重，保存下来的较少。此戟铜制，保存完好，具有重要的历史价值，每件定为国家馆藏贰级文物。

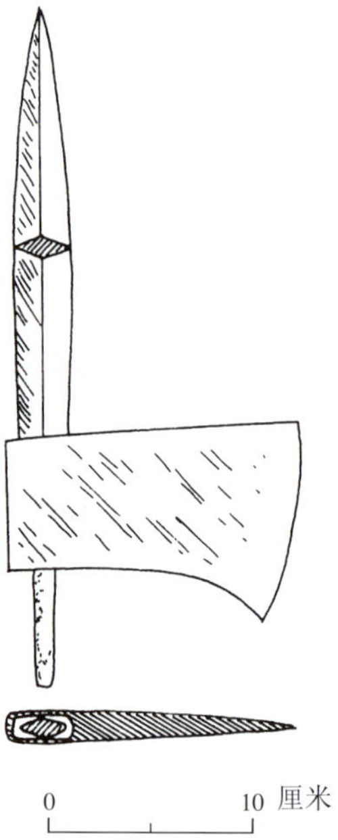

152 **铁钺戟**

汉代（公元前206～220年）

刺长33、钺长13、钺宽5～7.8厘米

河南省浚县出土

河南省文物考古研究所藏

整体略呈“十”字形，由戟刺穿入钺的銎孔构成，用熟铁锻制。戟刺长直，中部纵起棱脊，其后接扁细的茎铤。钺略呈长方形，向下弧弯，弧刃。

这是一件少见的兵器，是研究汉代兵器史的珍贵资料，虽然锈蚀严重，仍具有重要的历史价值，定为国家馆藏贰级文物。

153 **铜铍**

春秋晚期（公元前571～前476年）

长24.5、宽3.5厘米

河南省桐柏县左庄村北春秋墓地1号墓出土

河南省南阳市文物研究所藏

铍身如剑，中间纵起中脊，两从下凹形成血槽。末端斜收后而外展，形成短茎，茎端有节。其形制少见，异常锋利，具有重要的历史价值，定为国家馆藏贰级文物。

154 **铜铍**

春秋晚期（公元前571～前476年）

长24.2、宽3.2厘米

河南省桐柏县左庄村北春秋墓地一号墓出土

河南省南阳市文物研究所藏

铍身窄身如剑，中间纵起脊棱。末端收窄成短茎，茎两侧各有一齿状突，其形制少见，具有重要的历史价值，定为国家馆藏贰级文物。

155 铜隐方格纹铍

春秋晚期（公元前571～前476年）

残长48.2、身宽3.2厘米

山西省太原市金胜村赵卿墓出土

山西省考古研究所藏

铍身粗长，形制如剑，两刃平直，上段略窄，收聚而成尖锋。中部突起中脊，从部斜凹，形成血槽。从而相间饰隐暗方格纹。一字形窄格。茎断面显六菱形，靠上部两面有钉孔。出土时恰从钉孔处残断。

此铍形体粗大，刃长而锋利，可击刺，具有重要的历史价值，定为国家馆藏贰级文物。

156 **铜殳**

春秋中期（公元前676～前572年）

残长10.8、筒口径3.2厘米

河南省淅川县和尚岭一号墓出土

河南省文物考古研究所藏

形体较短，身呈三棱锥形，向上聚成尖锋。棱体每面有血槽，下部铸饰兽面纹。骹筒几乎与殳身等粗，出三排乳钉，筒口铸箍棱。箍棱之上有一方形钉孔。

这件铜殳形制特殊，具有重要的历史价值，定为国家馆藏贰级文物。

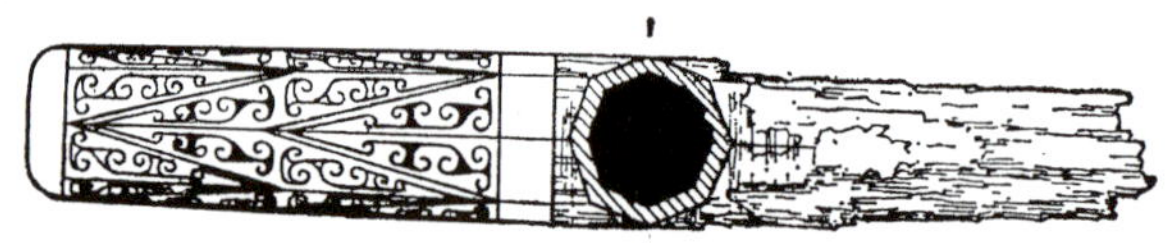

0　10 厘米

157　**铜头木皮铁芯柄殳**

战国中晚期（公元前4世纪初～前221年）

通长1.59米

河北省平山县三汲镇中山王墓出土

河北省博物馆藏

殳头铜铸而成，呈八棱筒形。外表用金银错出折线三角纹，内衬卷云文。殳鐏呈圆筒形，底部大于殳鐏筒，突起如蘑菇形。外表也用金银错折线三角纹和卷云纹。殳柄铁制，外面用整条木皮拼贴其上。外面用丝线缠紧，再用绛红色漆反复髹饰。内外结合紧密，惜已锈蚀残断。

整柄殳装饰华美，当为王族所用。这柄殳也可以称铁杖。《吕氏春秋》中就有中山国力士持铁杖与赵军作战的记载，“所击无不碎，所冲无不陷。”所以具有重要的历史价值，其制作工艺也很考究，定为国家馆藏贰级文物。

158 **铜矛头形管銎啄**

西周晚期至春秋早期（公元前885～前677年）

通长14.7、銎高7.2厘米

内蒙古自治区宁城县出土

宁城县博物馆藏

斧身不太长，形状像矛头，后段窄，向前端展宽，再收聚成尖锋。中部有脊棱。銎筒呈管状，与矛形斧身成十字形相交。銎筒外侧中部装饰一乳钉。銎筒中段与斧身相背的一侧有一短剑柄形的内，内的前段较细，饰交缠的绳索形纹，末端膨大如菌状，光素无纹。

其形制较少见，像一柄短剑插在銎筒上，功用为啄击。即使在古代草原牧猎民族文化中也很少见，有助于研究古代少数民族史和兵器史，具有重要的历史价值，定为国家馆藏贰级文物。

159 铜熊虎相搏啄

西汉（公元前206～25年）

高24厘米

云南省晋宁县石寨山滇墓出土

云南省文物考古研究所藏

啄援长而直，上面有数道凸棱。啄援的基部略宽，前锋平齐。援后接铸圆筒形銎。出土时銎口内残存朽毁的木柄痕迹。銎筒与啄援相对的一侧铸圆雕的一虎一熊。虎低头卷尾，前后腿蹬开，奋力扑向熊。熊则昂首驻足，准备随时反击。

这件铜啄有浓郁古滇国文化特点，立雕的熊虎动静相得益彰。特别是虎的造型极具力度。惜虎尾稍残，啄的刃部也有残损。具有重要的历史、艺术价值，定为国家馆藏贰级文物。

160　**铜叉、镦**

西周（公元前1046～前771年）

叉长22.8、骹口径3.6厘米，镦长12.8、口径3.6厘米

江苏省丹徒市大港母子墩西周墓出土

镇江博物馆藏

叉头内弯呈牛角形，双尖圆钝。短骹上部饰两道凹弦纹，下部近骹口处有对穿的方形钉孔。镦呈长圆锥形，近口部有对穿的钉孔。其形制特异，保存完好，一套两枚按一件计，定为国家馆藏贰级文物。

161 **铜狼牙棒头**

战国（公元前475～前221年）

通高32、矛长12厘米

云南省江川县李家山滇墓出土

云南省博物馆藏

棒头呈八棱柱状，外表密布排排狼牙锥刺。下部束收，中空为銎，以装木柄。顶部呈圆盘形。接铸一矛头。矛叶较宽，骹筒下粗上细，直伸向矛叶的中部。

这件狼牙棒头造型特异，使用起来也很方便，向前可以击刺，左右可以挥舞击打。狼牙棒在中原，使用的人很少，时代也偏晚，为杂兵器中的一种。具有重要的历史价值，定为国家馆藏贰级文物。

162 **铜狼牙棒头**

战国（公元前475～前221年）

通高30.7、粗径4.6厘米

云南省江川县李家山滇墓出土

云南省博物馆藏

棒头较粗长。断面呈八棱形。下部束收为圆形銎。棒头密布短刺。平顶，上面立铸一虎一牛。牛挺身站立，虎扑在牛的后臀上，前爪抱住牛的后腿，正欲咬噬，造型生动。

在滇人所使用的狼牙棒中，这是一种彰显民族特色的造型，具有重要的历史价值，定为国家馆藏贰级文物。

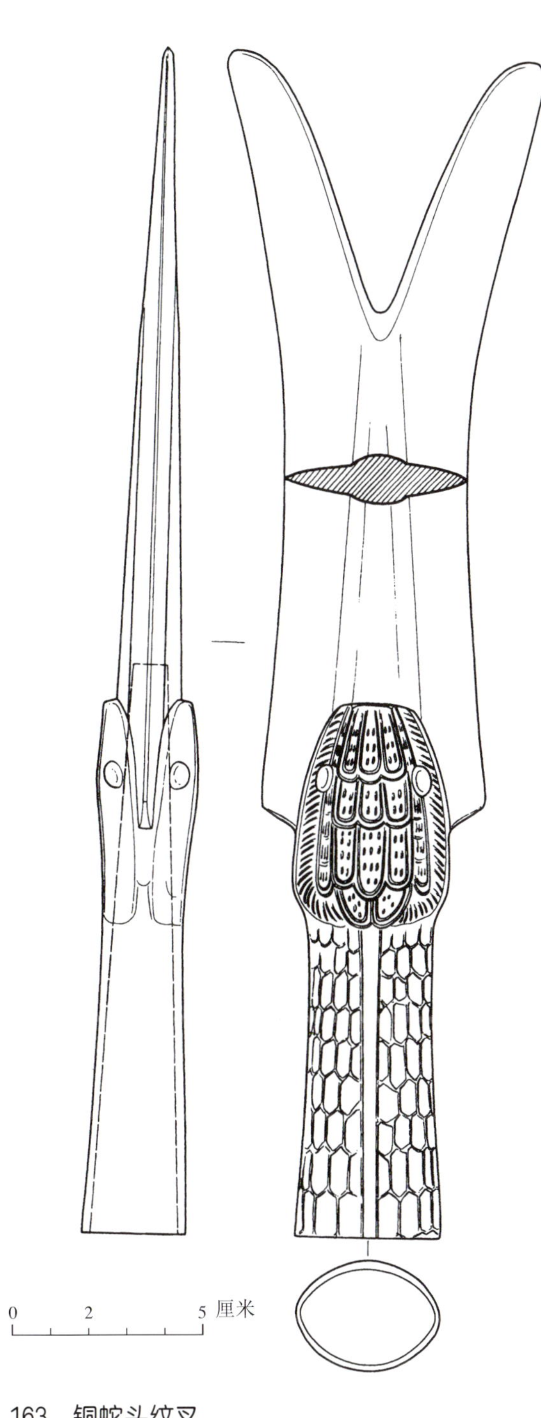

163 **铜蛇头纹叉**

西汉（公元前206～25年）

通高30厘米

云南省晋宁县石寨山滇墓出土

云南省博物馆藏

叉头下部与矛叶相似，上部外展分为两歧，似鱼的尾鳍。叉头后援铸銎筒，銎口呈圆形。銎筒铸成蛇的头颈形象，布满鳞片。蛇圆眼张口，衔住叉头。叉头中部突起的脊棱，极像蛇吐出的长舌，直伸叉口。

铜叉在古滇人兵器中也不是常用的兵器，比矛、戈少得多。这件叉铸制精巧，匠心独具。是研究古代南方民族史的重要资料，具有重要的历史、艺术价值，定为国家馆藏贰级文物。

164　铜銎柄剑

西周晚期至春秋早期（公元前885～前677年）

通长55.3、格宽7.3厘米

内蒙古自治区宁城县小黑石沟墓葬出土

内蒙古自治区考古研究所藏

剑身长而扁平。两刃斜直，向前收拢，前锋尖锐。剑身后接窄而向前斜出的剑格，剑茎呈细筒形，剑首膨大为喇叭形，末端未封口。剑茎前有数条棱线。

此剑剑身长，为同期的其他剑所不及，铸造精良，为北方草原地区少见之兵器，具有重要的历史价值，定为国家馆藏贰级文物。

165　铜T字形柄曲刃短剑

西周晚期至春秋早期（公元前885～前677年）

通长41.5、剑首宽4.8厘米

内蒙古自治区宁城县小黑石沟墓葬出土

宁城县博物馆藏

剑身两侧的锋刃两度弧曲，中段偏前有突起的子尖。剑身的基部较宽，两刃角圆弧。前段渐窄，前锋尖锐。中部有突起的柱状脊棱。无格。剑茎前粗后细，前端膨大为喇叭形，代为剑格。剑首甚大，呈半圆形，后部突起三道弧线棱。剑茎的前端和剑首上镶绿松石。

此剑制作较精，剑身、茎、首联铸而成，颇具特点，具有重要的历史价值，定为国家馆藏贰级文物。

166　铜双联鞘銎柄曲刃剑

西周晚期至春秋早期（公元前885～前677年）

剑长32、鞘长38.5厘米

内蒙古自治区宁城县小黑石沟墓葬出土

宁城县博物馆藏

铜剑呈銎柄曲刃式。剑身的两刃弧曲，中部突起柱状脊棱。剑格向两侧斜出于剑身。剑茎中空，断面呈圆形，后接喇叭形剑首。两剑均插于剑鞘之内。剑鞘铜制，两鞘联铸而成。剑鞘上段宽扁，下段束收，玉标外侈呈三角形。鞘的两侧，各有两个圆孔，一对在近鞘口处，一对在另一剑鞘的下段。为穿带佩挂之用。两鞘上各有一列镂雕的三角形孔。

带双鞘的铜剑在西北、西南、北方的古代民族中都有使用。但曲刃剑为北方牧猎民族所用兵器。是研究北方古代民族的重要资料，具有重要的历史价值，一套三式，按一件计，定为国家馆藏贰级文物。

167 铜短剑（2件）

春秋早期（公元前770～前677年）

通长27、格宽4.4厘米

北京市延庆县玉帝庙山戎墓地出土

北京市文物研究所藏

剑身较短，两刃平直，前锋略呈三角形。中部纵起脊棱，断面呈菱形。一件一字形窄剑格。剑茎和环首均镂空，茎镂长方形网格纹。首呈椭圆形，内镂弯曲的双盘羊角和目纹。另一件人字形格，环首两面分别饰牛、蛇图案。

这两柄短剑质地、铸造都很精细。综合墓地整体资料考察，当为我国北方古代少数民族山戎族的兵器。特点鲜明，具有重要的历史价值，每件定为国家馆藏贰级文物。

168 铜镂雕嵌绿松石柄短剑

春秋晚期（公元前571～前476年）

通长33、格宽4.6厘米

河北省怀来县甘堡子出土

张家口博物馆藏

剑身的两刃斜直，前锋略成三角形。锋身中部突起脊棱。一字形窄剑格。剑茎及剑首均为扁体。剑茎的一侧有一半环形纽，通过环孔可以穿绳佩挂。剑格、茎、首上铸有纹饰，并镂空，嵌饰绿松石，惜已大部分脱落。

这柄短剑是直刃短剑中较华美者，为北方草原牧猎民族的遗物。具有重要的历史、艺术价值，定为国家馆藏贰级文物。

169 铜环首扁茎剑

春秋晚期（公元前571～前476年）

通长53.4、环首宽4.1厘米

山西省太原市金胜村春秋墓出土

山西省考古研究所藏

剑身较长，两刃平直，向前段渐收聚形成尖锋。平从无脊，断面呈扁条六边形。两后刃角折成直角，无格。后接扁而细的剑茎。剑首呈扁方环形，为另行铸造，再与剑茎铸接在一起。环首多与刀相配，铜剑作环首形的甚少。又是在较早的春秋晚期，更显得此剑的珍贵，具有重要的历史价值，定为国家馆藏贰级文物。

170　铜虎头首短剑

春秋晚期（公元前571～前476年）

通长22、宽2.5厘米

山西省昔阳县大寨村出土

昔阳县博物馆藏

剑身呈柳叶形。两刃向前聚成前锋，剑中部有脊棱，剑身直接接铸剑茎，无剑格。剑茎呈筒形，至剑首膨大铸成虎头形象。

这柄短剑造型很有特点，在北方也是少见之器。出土时非常锋利。具有重要的历史、艺术价值，定为国家馆藏贰级文物。

171 木柄铜虎斑纹剑（2件）

战国（公元前475～前221年）

通长40、宽4厘米

四川省新都县马家乡木椁墓出土

四川省博物馆藏

这类剑墓中共出土了五件，长短各不相同。剑身呈窄长柳叶形，中部突起中脊。剑茎扁窄，上下各有一个钉孔。剑身满饰虎斑纹。剑茎两边用木片夹持而做成剑柄。木片外用棕绳缠紧，再髹饰黑漆。

铜剑具有巴蜀式剑的独特风格。出土时木柄保存完好，这非常难得，使我们了解了这类剑装柄的方法。具有重要的历史价值，每件定为国家馆藏贰级文物。

172　**铜螺旋纹柄短剑**

战国（公元前475～前221年）

通长30.5厘米

云南省剑川县鳌凤山出土

云南省博物馆藏

剑身呈狭长三角形。两刃斜收，聚成前锋。中部脊棱突起，直达前锋。窄山字形剑格。柄呈圆筒形，铸饰螺旋绹索形纹。剑首膨大，呈圆饼形。

这柄铜短剑为西南古滇人的遗物，具有重要的历史价值，定为国家馆藏贰级文物。

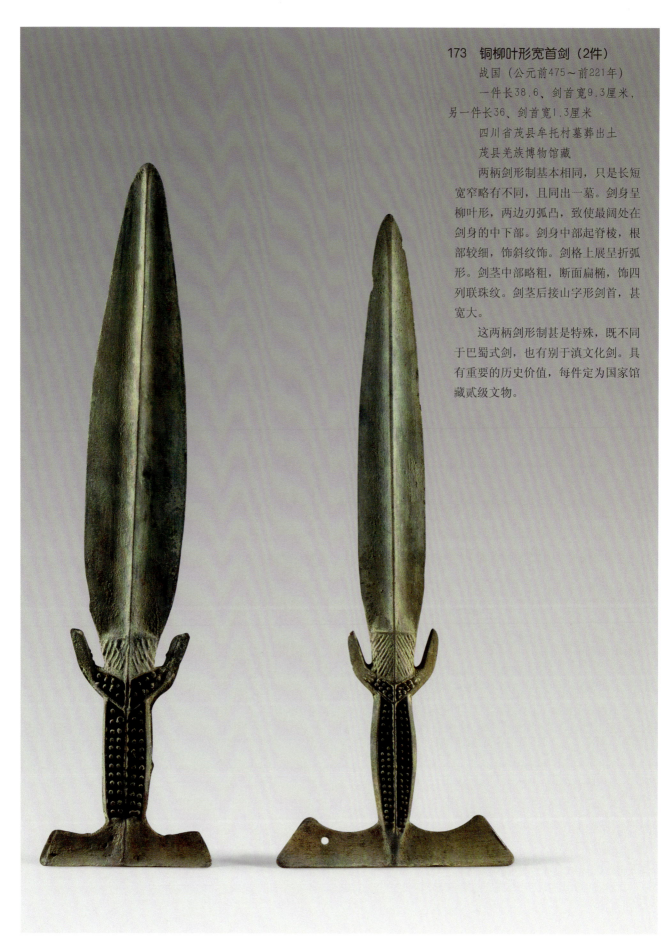

173　铜柳叶形宽首剑（2件）

战国（公元前475～前221年）

一件长38.6、剑首宽9.3厘米，另一件长36、剑首宽1.3厘米

四川省茂县牟托村墓葬出土

茂县羌族博物馆藏

两柄剑形制基本相同，只是长短宽窄略有不同，且同出一墓。剑身呈柳叶形，两边刃弧凸，致使最阔处在剑身的中下部。剑身中部起脊棱，根部较细，饰斜纹饰。剑格上展呈折弧形。剑茎中部略粗，断面扁椭，饰四列联珠纹。剑茎后接山字形剑首，甚宽大。

这两柄剑形制甚是特殊，既不同于巴蜀式剑，也有别于滇文化剑。具有重要的历史价值，每件定为国家馆藏贰级文物。

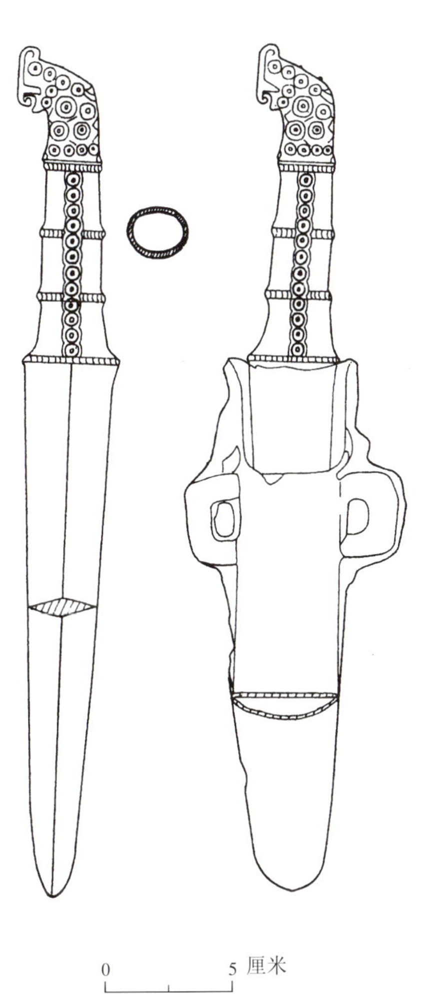

174 铜龙柄带鞘短剑

战国（公元前475～前221年）

剑长32.6、鞘长20厘米

四川省茂县牟托村墓葬出土

茂县羌族博物馆藏

剑身中间起脊棱，两刃斜直，前锋不甚尖锐。剑格扁窄，呈“一”字形，饰直线纹。剑柄较长，截面扁圆，前段有三道突起的节状纹，后段弯曲，铸成龙头形。剑柄前段中部纵向饰一列圆圈纹，后段满饰圆圈纹。剑鞘也为铜制，府、盖合铸而成，平府弧盖，整体光素，两侧各有一个方形耳，以供穿带佩挂。

这柄铜制为防身用的短剑，剑柄首铸作龙头形，以铜为鞘，具西南古代少数民族特色。具有重要的历史价值，定为国家馆藏贰级文物。

175　**铜人首纹短剑**

战国（公元前475～前221年）

通长39厘米

广西壮族自治区灵山县石塘出土

灵山县博物馆藏

剑身的刃部弧起，致使中段最宽，向前急收，再收聚成前锋。其后段较平，铸饰人头纹，此人脸狭长，头戴分叉形高冠，由冠上下垂两个轮形饰。窄格向后弯弧。剑茎扁而细长，后段两侧出扉棱，铸饰S形云纹，斜线纹等。剑首铸成两个圆环形，左右双分。

这柄短剑显然为南方古代少数民族的兵器，不但剑形与中原不同，纹饰更具特色。具有重要的古代民族史学价值和艺术价值，定为国家馆藏贰级文物。

176　**铜虎纹剑**

战国（公元前475～前221年）

长47厘米

四川省郫县独柏树出土

四川省博物馆藏

剑身狭长，两边刃向前斜收，中部脊棱不甚突显，呈"鱼背式"。最宽处在剑的基部。往下内收成扁茎。茎上下各有一穿，穿孔交错分布。剑身下段两面多饰一只侧身虎纹。虎张口卷尾，虎头朝向前锋，虎尾后刻巴蜀符号。

此类铜剑扁茎无格，而有钉孔，应是两侧加附木片做成木剑柄使用的。剑上的虎纹具艺术美感，巴蜀符号是研究巴蜀文化的重要资料。具有重要的历史、艺术价值，定为国家馆藏贰级文物。

177 **铜剑（带鞘）**

西汉（公元前206～25年）

长53、刃宽5厘米

河南省洛阳市征集

龙门博物馆藏

剑身较宽，中部纵起脊棱，两刃略有弧曲，剑锋锐利。剑格扁窄，圆筒形茎，圆饼形剑首。剑鞘长条形，用木片粘合而成，外髹黑漆。

此剑保存完好，剑鞘虽有残损，但不严重。具有重要的历史研究价值，定为国家馆藏贰级文物。

178 **铜大刀**

商代后期（公元前1300～前1046年）

通长45.7、柄长7.6厘米

河南省安阳市小屯“妇好”墓出土

中国社会科学院考古研究所藏

刀身宽大，单面刃，根部平直，中段内凹，往前渐宽弧收。刀背较厚，前端翘起，与刀刃聚成翘起的刀尖。脊背上有一条脊棱。靠近背部有一条花纹带，因锈蚀不甚清楚。刀柄呈窄条形，略略下弯。出土时刀柄上残存朽木痕迹，当为加装木柄后使用。

此刀与商代同类大刀大同小异，但出土在“妇好”墓中，具有重要的历史价值，定为国家馆藏贰级文物。

179 铜扉棱龙纹大刀

商末周初（公元前1046年前后）

长52、身宽6.7～7厘米

河南省鹿邑县太清宫长子口一号墓出土

河南省文物考古研究所藏

刀身长而直，前端略宽，上翘形成刀尖，后端下斜，连铸一窄而细小的刀柄。刀身靠背处两面各饰四条夔龙纹。刀背上铸扉棱一道。

此刀大而宽厚，后面有窄小的柄可加装木柄以便手持，在当时是极具杀伤力的兵器。至今发现甚少。出土时折成三段，分置在西椁厢的北、中、南三处，乃入葬时有意所为，反映了当时的葬俗。具有重要的历史、艺术价值，定为国家馆藏贰级文物。

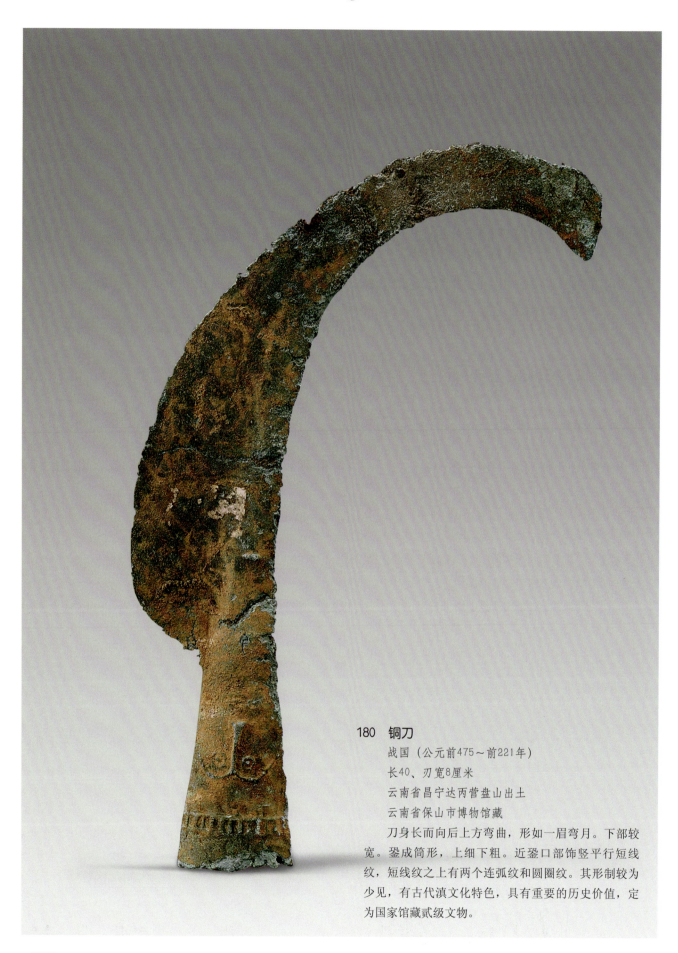

180 铜刀

战国（公元前475～前221年）

长40、刃宽8厘米

云南省昌宁达丙营盘山出土

云南省保山市博物馆藏

刀身长而向后上方弯曲，形如一眉弯月。下部较宽。銎成筒形，上细下粗。近銎口部饰竖平行短线纹，短线纹之上有两个连弧纹和圆圈纹。其形制较为少见，有古代滇文化特色，具有重要的历史价值，定为国家馆藏贰级文物。

181 **黑皮鞘铜饰件钢腰刀**

清（1644～1911年）

通长86.5、宽8.5厘米

中国人民革命军事博物馆藏

刀身较窄薄，有血槽，前部略呈弧形，刀锋为侧锋，尖锐锋利，格呈椭圆形，直柄，有球形首。鞘为黑色皮质，鞘外间有铜饰。刀至今尖锐锋利。此刀为官吏佩刀。制作精良，保存完好。具有重要的历史、艺术价值，定为国家馆藏贰级文物。

182　**骨镞（附人骨）**

商代（二里岗上层一期）

镞长8.5、宽1.3厘米

郑州商城G3内商代灰坑出土

河南省文物考古研究所藏

骨镞呈柳叶形，双锋收聚，后接圆铤。就骨镞本身而言，与同期骨镞无异。难得的是从出土时的情形看，可知当时骨镞已穿过肌肉，射入人的骨骼中，骨镞大部已从一节脊椎骨中穿出，可见其杀伤力之大。是研究商代兵器装备和战争史的珍贵资料，具有重要的历史价值，定为国家馆藏贰级文物。

183 铜旋纹箭箙

战国（公元前476～前221年）

高48.2、宽11厘米

云南省江川县李家山滇墓出土

云南省博物馆藏

箭箙呈扁长方盒形，上面有盖。正面用孔雀石颗粒镶嵌，横线纹与S形云纹相间排列。下端为一组竖线纹。背面光素无纹，有用于穿绳系挂的方孔。出土时里面装有铜镞和残断的箭杆。

箭箙多为有机物制作，不易保存。这件为铜制，且为实用器，在古滇国墓的出土遗物中也较少发现。具有重要的历史价值，定为国家馆藏贰级文物。

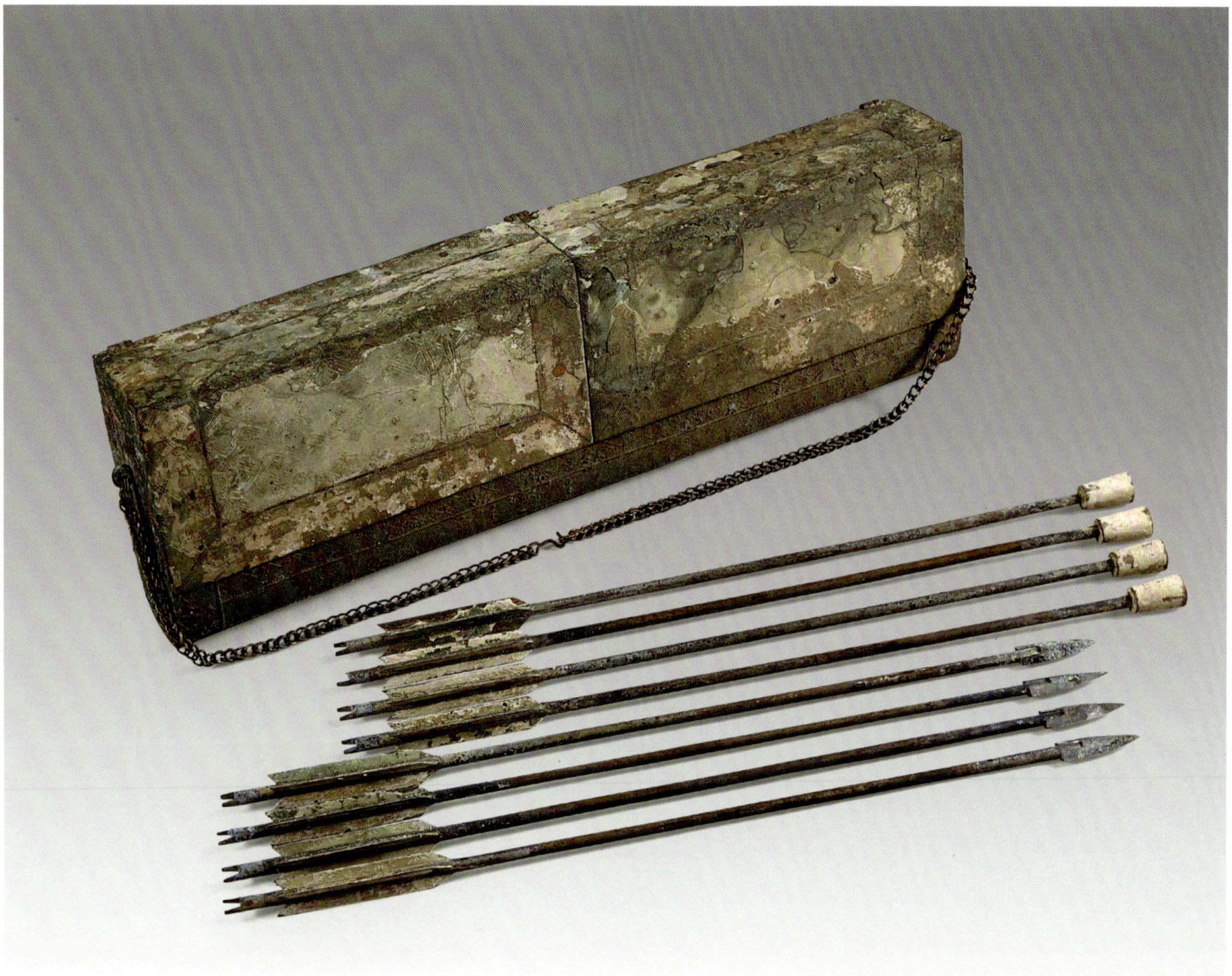

184 **铜盒形笼箙**

秦（公元前221～前206年）

通长38、最宽5.4、高11.7厘米

秦始皇陵一号铜车车舆前部正中

秦始皇兵马俑博物馆藏

笼箙整体呈盒形。盒的底部圆弧，两端外侧正中各有一鼻形纽，鼻纽间用铜丝链连接。上面有两块盖，左右各一，盖的断面呈曲尺形。笼箙的外壁原绘有菱格纹、龟贝纹等，已脱落大部。出土时笼箙内装铜箭54枝，分尖头、平头两种。

这种装在战车上的笼箙为目前首次发现，为战车上远射兵器装备研究提供了重要资料。具有重要的历史价值，定为国家馆藏贰级文物。

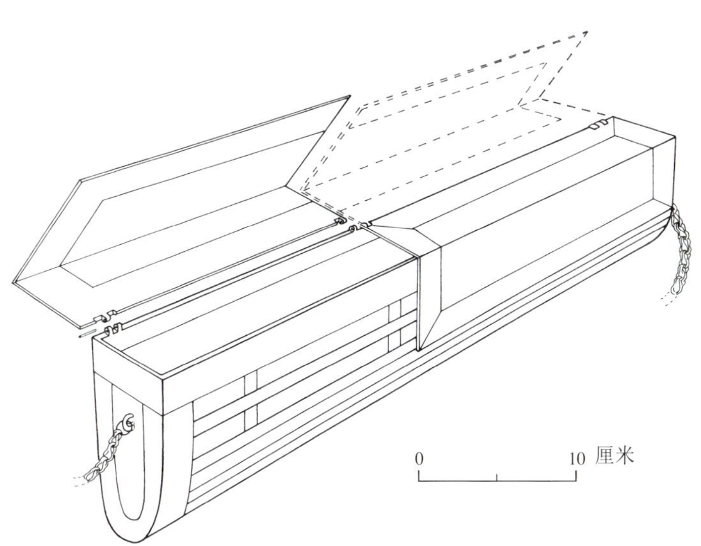
0
10 厘米

185 铜弩机

战国中期（公元前4世纪初～前4世纪末）

钩心长4.5、牙宽1.2、悬刀长10.6厘米

河北省平山县三汲中山王墓出土

河北省文物研究所藏

原装在弩的木臂机槽内，弩弓及木臂均已腐朽，仅存青铜弩机构件。主要零件由钩心、牙和望山组成，由前、后两个铜键固定在木臂之上。

弩机是控制弩发射的关键构件，由原始社会的骨、石制板片发展而来。平山中山王墓出土的铜弩机年份较早。出土于车马坑的车旁，为车上用的远射兵器。具有重要的历史价值，定为国家馆藏贰级文物。

186 铜弩机

秦（公元前221～前206年）

通长16.1厘米

陕西省临潼秦始皇兵马俑一号坑出土

秦始皇兵马俑博物馆藏

铜弩机为弩的青铜机件，为控制勾弦、发射的关键。此弩机的主要构件为望山、钩心和悬刀，由键组装在一起。这件弩机铸造精良，装配得当，望山和悬刀较长，很少锈蚀。具有重要的历史价值，定为国家馆藏贰级文物。

187　**铜鎏金弩机**

西汉（公元前221～25年）

高15.7、长14.9厘米

河南省永城市保安山2号墓陪葬坑出土

河南省永城市博物馆藏

弩机的望山、钩心、悬刀等构件都装在方形郭槽内。外表鎏金，现多已脱落。

这件弩机保存完好，只是表面的鎏金有所脱落。弩机本是兵器构件，大多用于实战。这件弩机的物主是西汉梁孝王刘武妻李后，使用鎏金等工艺装饰。具有重要的历史、艺术价值，定为国家馆藏贰级文物。

188 **铜鎏金弩机**

西汉（公元前206～公元25年）

长15.4、高16.5厘米

1978年山东省淄博市西汉齐王墓出土

中国人民革命军事博物馆藏

铸造精良，并通体鎏金，惜多已脱落。其体型较大，加之出土于西汉诸侯王墓中，更具有特殊意义。对研究汉代兵器具有重要的历史、艺术价值，定为国家馆藏贰级文物。

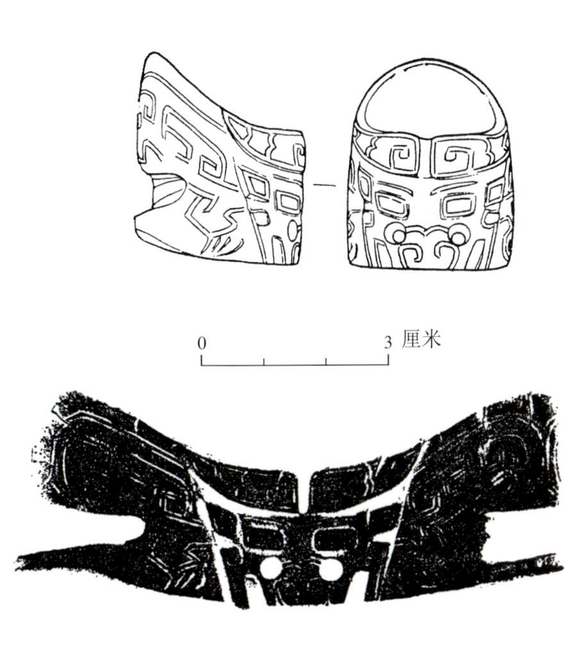

189　玉兽纹韘（扳指）

商代后期（公元前1300～前1046年）

高2.7～3.8、径2.4厘米

河南省安阳市小屯“妇好”墓出土

中国社会科学院考古研究所藏

碧玉琢成，带褐色斑块。筒形。下面平齐，上面前高后低，呈斜面状。前面中部偏下有一横向凹槽，背面下部有两个并列的小孔。韘上雕兽纹，头向朝后，大头巨角，细眉方眼。小身，弱足，垂尾。纹饰与形制搭配恰到好处。

韘为古代射箭的辅助器具，有角制的，皮制的，尤以玉制的最为珍贵。此韘出于“妇好”墓，玉制，琢刻精细，具有重要的历史、艺术价值，定为国家馆藏贰级文物。

190　玉韘

战国早期（公元前475～前4世纪初）

长4.3、宽3.4、高1.1厘米

湖北省随州曾侯乙墓出土

湖北省博物馆藏

俯视前尖后圆，中间有一个椭圆形的大孔，孔径2.2×1.9厘米。后部壁上还有一个小孔，孔径0.2厘米，侧面侈出小钩。正中的大孔是套手指的，侈出的小钩是控弓弦用的。玉色灰黄，通体琢磨得非常光滑。

这件玉韘保存较好，出土于墓主的左手掌处。韘有玉、骨等不同质地的，玉韘较为珍贵，存世量较少，具有重要的历史价值，定为国家馆藏贰级文物。

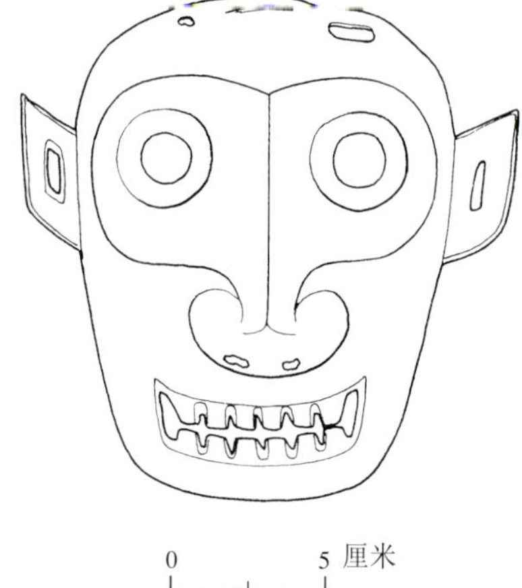

191 **铜人面形盾饰**

商代前期（公元前1600～前1300年）

连耳宽16.4、高16.1厘米

1976年陕西省城固县苏村小冢出土

陕西省城固博物馆藏

整体造型酷似人的面孔。面形长方，圆眼狮鼻，两耳上耸，张口露出两排利齿，嘴角上翘，似发出威吓之声。口齿透雕，双眼透孔。额顶、鼻端、双耳各有两个小孔。

类似的人面形饰物陕西西安老牛坡商代文化出土过，而这一带共出土了21面，从其形状、大小和有钉孔等现象分析，当是钉在木盾面上，以加固木盾和恫吓敌人用的，有学者考证，其主人与巴人中的賨人、板楯蛮有一定关系。具有重要的历史、艺术价值，定为国家馆藏贰级文物。

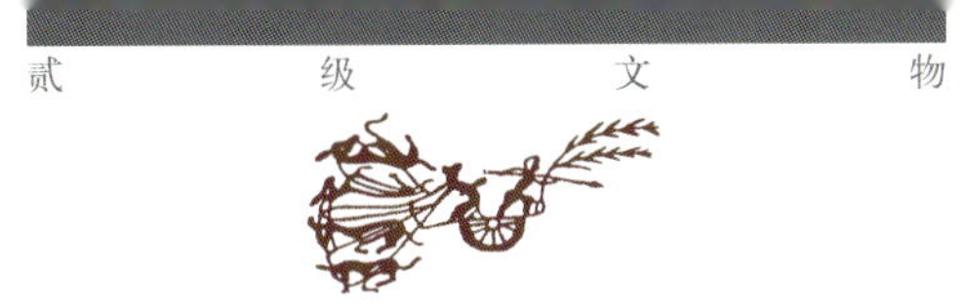

0 5 厘米

192 **铜兽面形盾饰**

商代前期（公元前1600～前1300年）

宽17.9、高14.6厘米

1963年陕西省城固县苏村塔冢出土

陕西省城固博物馆藏

整体造型似牛头，中部纵起突棱。两角外伸，较平直，中间有一个山形突凸。巨目暴睛。长窄鼻，鼻两侧铸有牙齿。下底较平，双目上方和兽面下部铸有钉孔。

形状相似的兽面饰这一带出土了27面。综合研究认为，他们的用途也和人面形饰一样，也是钉在木盾上的盾饰。这两盾饰的造型十分生动，反映了当时的铸造工艺水平。具有重要的历史价值和艺术价值，定为国家馆藏贰级文物。

0 5 厘米

193 **铜“匽侯”盾饰**

西周（公元前1046～前771年）

直径14.5厘米

北京市房山区琉璃河西周墓出土

首都博物馆藏

整体呈圆盘形，平沿，圜底。平沿上有四组两两成对的圆孔。背面（凹面）下部有“匽（燕）侯舞昜（锡）”四字铭文。

这枚盾饰是通过钉孔把它固定在木或皮盾之上的，从铭文看，当是西周某代燕侯的舞者所用盾上的饰物，具有重要的历史价值，定为国家馆藏贰级文物。

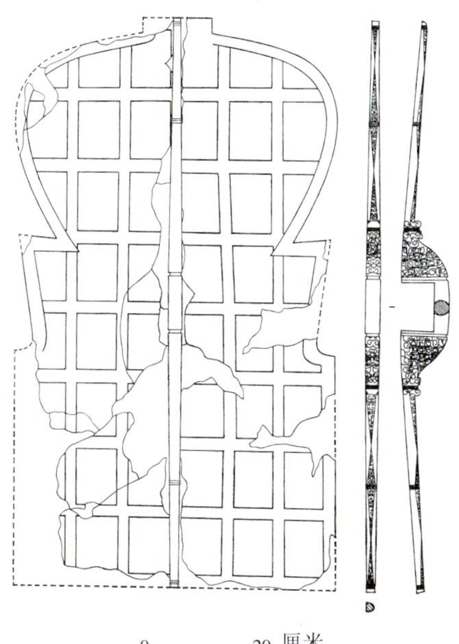

194　漆（皮）盾

战国早期（公元前475～前4世纪初）

盾面高92.5、最宽55厘米

湖北省随州市曾侯乙墓出土

湖北省博物馆藏

盾已朽毁，盾面拼接后上部像一个蒲扇，中部呈倒梯形，下部呈方形。后有盾柄支撑盾面，长方形盾握。盾上髹黑漆地，用红线分格，边框用黄漆绘绹纹，每格内绘T形勾连云纹，方格之间绘变异龙凤纹，盾柄也彩绘纹饰。此盾虽已朽毁但结构尚存，能保存至今实已不易，具有重要的历史价值，定为国家馆藏贰级文物。

195 漆龙凤纹盾

战国（公元前475～前221年）

高64.5、底宽45.5厘米

湖南省长沙市五里牌406号墓出土

湖南省博物馆藏

盾为皮质，整体呈圆弧亚腰形。圆肩，方底。正背两面均用黑漆反复髹饰，再用赭、黄色漆绘出变形龙凤图案，线条流动飘逸，色彩鲜艳。

古人以皮制盾见于记载。此盾上所绘花纹具有很高的艺术水平，也可视为“舞盾”。具有重要的历史、艺术价值，定为国家馆藏贰级文物。

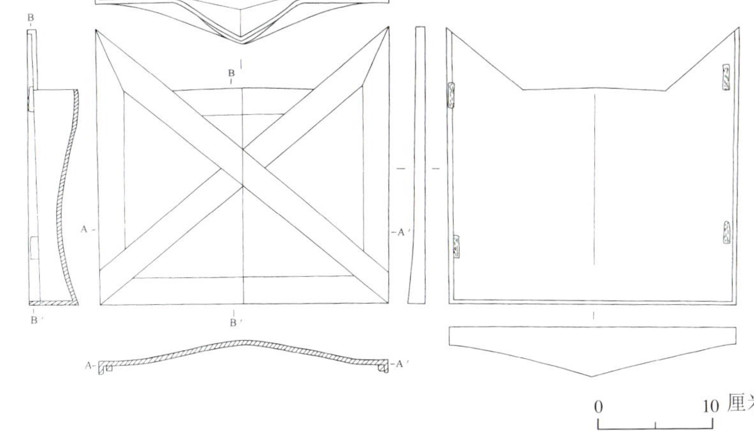

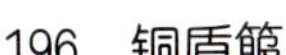

196　铜盾箙

秦（公元前221～前206年）

最高25、宽27.6厘米

陕西省临潼市秦始皇陵一号铜车右犄内侧

秦始皇兵马俑博物馆藏

铜盾箙装在一号铜车右犄内侧，正面为中间低平，两角高尖的扁方形。正中纵向突起。盾箙的下底及左右两边向后折1.2厘米，形成纳盾的空腔。盾插入后，露出上半部，便于取用。盾的正面有边框及斜十字形交叉条带。条带上彩绘菱花纹、几何纹和太阳纹。

此盾箙是战车上的装备，首次发现。制作精致，是研究古代战车兵器种类的重要资料，具有重要的历史价值，定为国家馆藏贰级文物。

197 铜鍪

商代前期（公元前1600～前1300年）

高18.2、宽18.2厘米

内蒙古伊金霍洛旗朱开沟墓葬出土

内蒙古自治区文物考古研究所藏

形如浅瓢。正视上部呈椭圆形，下部敛收平直，中部突凸。上、下边缘处并排各开两个小圆孔。据发掘现场观察，这件铜鍪扣在死者后脑部。由此推知，这件铜鍪当是通过小孔将其缝缀在巾帽之上，戴在头上做盔胄使用的。

我们可以认为，这件铜鍪是我国历史上年代最早的金属盔胄。具有重要的历史价值，定为国家馆藏贰级文物。

198　**铜兽面纹胄**

商代后期（公元前1300～前1046年）

通高22.8、宽22.5厘米

传河南省安阳市出土

故宫博物院藏

胄为合范铸就，中间脊棱突出。以脊棱为基线左右对称。前部露出人的眉眼，左右两侧和后部向下伸展，可遮盖住人的两耳和颈项。胄体铸饰简化的兽面纹，只有眼、鼻、双角和小耳。胄顶有一直立的小铜管，可供插装缨饰之用。

这件铜胄原出自河南省安阳市侯家庄1004号商代大墓。许多铜胄、皮甲与戈、矛等兵器同出，当为仪卫所用。具有重要的历史价值，定为国家馆藏贰级文物。

199 **铜胄**

西周早期（公元前1046～前977年）

通高23、脊长18厘米

北京市昌平区白浮墓葬出土

首都博物馆藏

此器前后留出圆弧形缺口，通体素面无纹，只在胄顶有一条梳背形脊饰，脊饰上饰镂空网状纹，可供拴系缨饰之用。

铜胄需内衬皮革或织物方能顶戴。可以有效地遮护头顶和脸颊双耳，前面缺口可露出戴胄者的眼鼻，后面的缺口当有皮制护项。具有重要的历史价值，定为国家馆藏贰级文物。

200 **素面铜胄**

战国（公元前475～前221年）

高19.5厘米

河南省灵宝出土

河南省博物院藏

铜胄前面开脸，顶部有一小突。胄体较厚，沿前脸及下沿有突棱，光素无纹。

春秋战国时期，防护装具有铜胄、皮胄、铁胄，皮胄和铁胄多用甲片编缀而成，而这件铜胄乃青铜铸就，有重要的历史价值，定为国家馆藏贰级文物。

201 **人面纹铜牌饰（2块）**

西周晚期至春秋早期（公元前885～前677年）

大者高23厘米，小者高20.2厘米

内蒙古自治区宁城县小黑石沟墓葬出土

宁城县博物馆藏

铜牌正面稍凸，装饰略呈人面形。在铜牌的上部鼓起圆泡形的双眼，眼中透孔为瞳。中部铸菱形突起的鼻，鼻下以内凹的框线为口。牌饰的背面，一件的四角各有一个竖穿纽，另一件底边正中有一竖穿纽。

此地其他墓出土有类似的铜牌饰，多置于死者胸部，这两件牌饰当佩挂在胸前，起保护胸部的作用。具有重要的历史价值，每件定为国家馆藏贰级文物。

202 窄沿铁盔

元代（1271～1368年）

高45、底径26.5厘米

内蒙古自治区锡林郭勒盟正蓝旗出土

内蒙古自治区博物院藏

铁质，窄沿，盔体饰瓜皮六棱纹，顶部饰宽沿铁圈箍住盔顶。尖顶，顶有插羽毛等饰物的立管。元代军队的盔很精巧，骑兵多戴铁盔。此物有助于我们探索、研究元代的兵器战具。具有重要的历史、艺术价值，定为国家馆藏贰级文物。

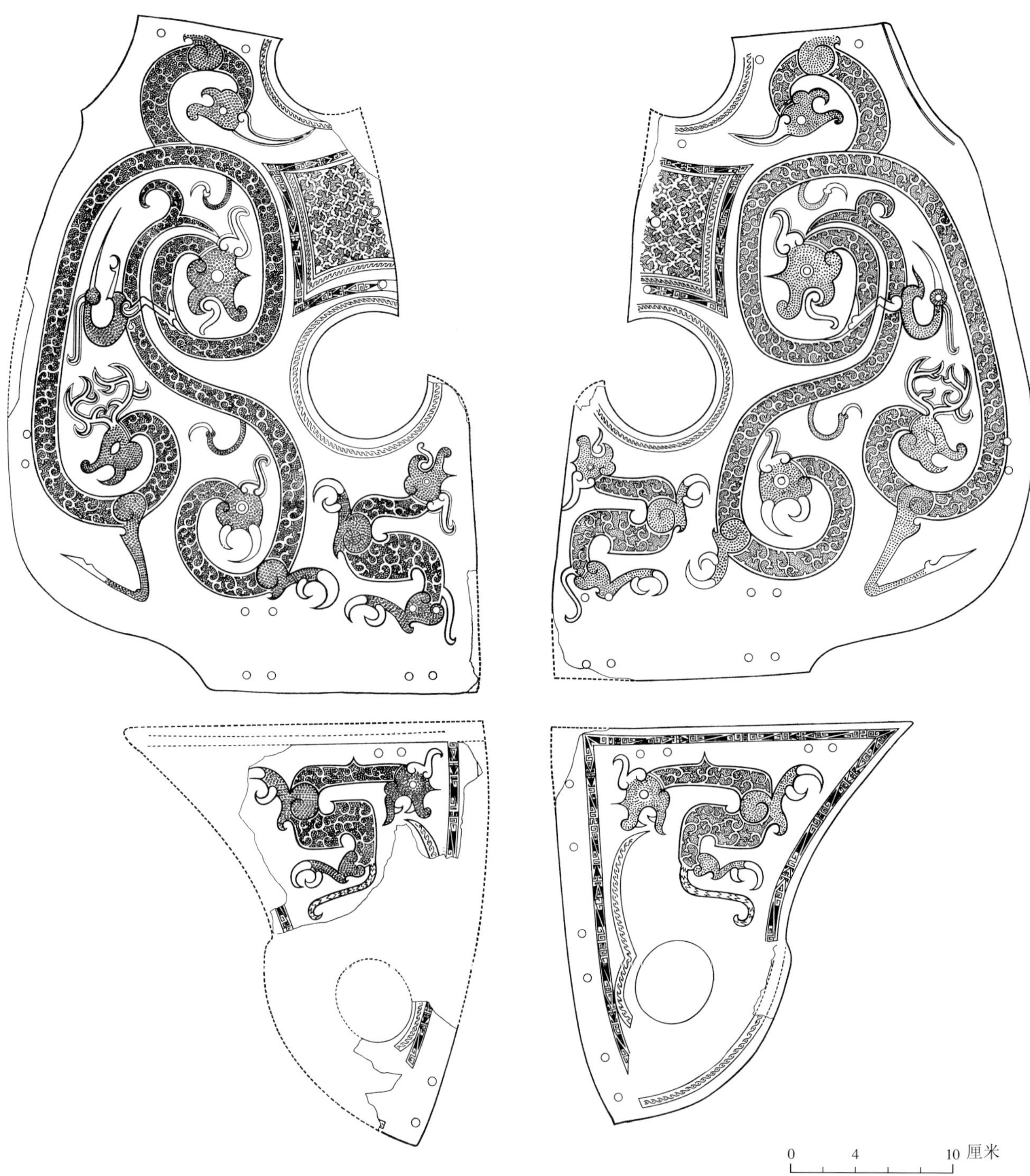

203 皮质马胄

战国早期（公元前475～前4世纪初）

长40、宽28厘米

湖北省随州曾侯乙墓北室出土

湖北省博物馆藏

为马胄的一部分。这件马胄由7块皮胄甲连缀而来。此为脸颊部分。下部留出眼孔，眼孔上方有菱形突起，与马的眉骨吻合。左上方有纳马耳的凹缺。胄片周边有供穿缀的小孔。内外均用黑漆髹饰，外表又用红漆彩绘龙纹、凤鸟纹、鹿纹，间以菱形星点纹、云雷纹补缀。

皮质甲胄很难保存至今。这件马胄片虽然略有残破，却很少见。有助于对先秦时期战马防护装具的了解。具有重要的历史价值，定为国家馆藏贰级文物。

204 **铜鎏金龙纹马鞍**

元代（1271～1368年）

内蒙古自治区博物院藏

鞍木质，外用铜鎏金件包镶，包件饰二龙戏珠纹。制作非常精美。此物有助于对元时期马具的探索和研究。制作精良，保存完好。具有重要的历史、艺术价值，定为国家馆藏贰级文物。

205 **铜虬杖首、镦**

西周（公元前1036～前771年）

杖首长15.2、镦长16.3厘米

江苏省丹徒烟墩山宜侯墓出土

南京博物院藏

杖首上部弯弧，杖镦末端渐细，其一侧都有一虬形饰。素面无纹。造型奇特，极为少见。与宜侯夨簋同出于一墓，可能是夨侯的权杖之属，间或做兵器防身。具有重要的历史价值，定为国家馆藏贰级文物。

206　**铁钩镶**

东汉（25～220年）

通长92、镶板长36、宽17厘米，重量1.665千克

江苏省徐州市征集

徐州楚王陵汉兵马俑博物馆藏

由镶板与镶架铆接而成。镶架中间为镶握，突起呈长方形，可供单手执握，两端为钩头，伸出镶板之外。镶板略显椭圆形，中部向外突出，有镶刺（镶刺为镶架的一部分，铆接后透过镶板突出成镶刺）。

钩镶为汉魏时期的独特兵器，为铁制，易锈蚀，存世量极少，完整者更少。具有重要的历史价值，定为国家馆藏贰级文物。

207　铜八角星纹弓形器

商代后期（公元前1300～前1046年）

通长33.9、高9.8厘米

河南省安阳市郭家庄西160号墓出土

中国社会科学院考古研究所藏

弓形器的身较宽，微微上凸，凸面中部铸饰八角星纹。八角星正中以一突起的圆泡为圆心。两端各伸出一个弧形臂，其弧度较一般弓形器大，臂端各有一铃首，铃首镂空。此器固定在驭手的腰部，两臂枝上套挂马缰，帮助驭手驾车控制马匹。

这件弓形器较粗壮，装饰花纹简练大方。具有重要的历史、艺术价值，定为国家馆藏贰级文物。

0 10 厘米

208 铜矛形軎（2件）

战国早期（公元前475～前4世纪初）

一件长37.5厘米，一件长42厘米

湖北省随州市曾侯乙墓出土

湖北省博物馆藏

軎身呈棱柱形，上出矛刺。軎上有軎孔，插有车辖。辖上饰夔纹。矛刺的前锋呈三角形，两刃有数个突出的棘刺。矛中突起脊棱，其中一件矛刺上铸饰云纹，另一件光素。

軎本是车器，保护车轴头所用。这两件车軎上连铸矛状锋刺，当是装在战车上的，故收入兵器类。交战时，两车错毂，矛状车軎起破坏敌军车轮的作用。这种车軎所见甚少，具有重要的历史价值，每件定为国家馆藏贰级文物。

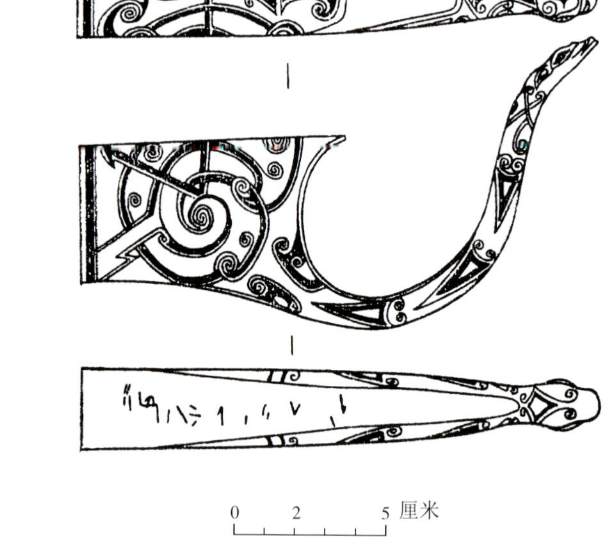

209 铜错银承弓器

战国中晚期（公元前4世纪初～前221年）

通长18.5、高11.5厘米

河南省洛阳市中州路出土

洛阳博物馆藏

此器有身有枝。器身扁方，后端齐平，前端有弧形凹槽。上枝伸出较短，下枝甚长，弯曲而向上扬伸，首作蛇头形。通身银错卷云纹。两件成对出土，其中一件残破过甚。

此类器物虽早有出土，但对其用途不甚明了。有人认为是两两并用，装在弩臂前端，用来承弓。秦始皇陵一号铜车修复后，车上装有此器，两件一对，焊在车舆前轸左外侧，上面架弩。可见应是战车上的附件，为辅助车上射手张弩而设。具体到这件承弓器，用银错出花纹，相当精美，也出土于车舆内左侧前轸附近，具有重要的历史、艺术价值，两件一组，定为国家馆藏贰级文物。

210 铁锁子甲（附铁盔）

清（1644～1911年）

高84、宽65厘米

内蒙古自治区伊金霍洛旗出土

中国人民革命军事博物馆藏

整体呈短袖筒衫形式，用金属环套扣而成，柔软坚密。铁盔两侧有附耳，盔顶有插盔缨的直管。甲为精铁打制的锁子甲，具有较强的防护能力。对研究清代军事装备具有重要的历史价值，定为国家馆藏贰级文物（铁盔定为叁级文物）。

211 **铜韩将庶虎节**

战国中晚期（公元前4世纪初～前221年）

长8、高3.9厘米

中国国家博物馆藏

此虎节仅存一片，作伏虎形，昂首立耳，颈前伸，尾上翘，惜已残断。虎的颈部身部有“韩将庶信节”等铭文十字，另一面有凸榫，当为合符而设。

韩将庶虎节或为韩国的调兵信符，制作简约，与时代相近的杜虎节等相比，制作工艺、造型艺术略逊一筹，但历史价值仍很重要，定为国家馆藏贰级文物。

212 **铜双鸟杖首**

春秋晚期（公元前571～前476年）

通高6、长9厘米

山西省太原市金胜村墓出土

山西省考古研究所藏

杖首上部铸成左右双分的鸟头形，鸟喙形如鹦鹉喙。大眼，饰鳞状羽纹。下部为銎筒，两边各有銎孔一个。銎口呈圆形。出土时銎内有藤木柄残段。

这件铜杖出土于墓主的身侧，当是主人的宠爱之器或象征身份权势之物。具有重要的历史价值，定为国家馆藏贰级文物。

213　**铁四眼铳**

明（1368～1644年）

长48厘米

安徽省潜山县潘下乡出土

中国人民革命军事博物馆藏

铳身由四个铳管合造成“田”字形，四管合为一体。有三道铁箍，尾銎部位用以安装木柄。每个铳管各有一个火门，用以连续点火发射。四眼铳约出现在明嘉靖年间，为弥补单管手铳发射速度慢而创制的。明军在与后金的萨尔浒战役中使用过三眼、四眼等火器。明军不但用它作战，还用它做信号枪。此铳对研究明代火兵器具有重要的历史、科学价值，定为国家馆藏贰级文物。

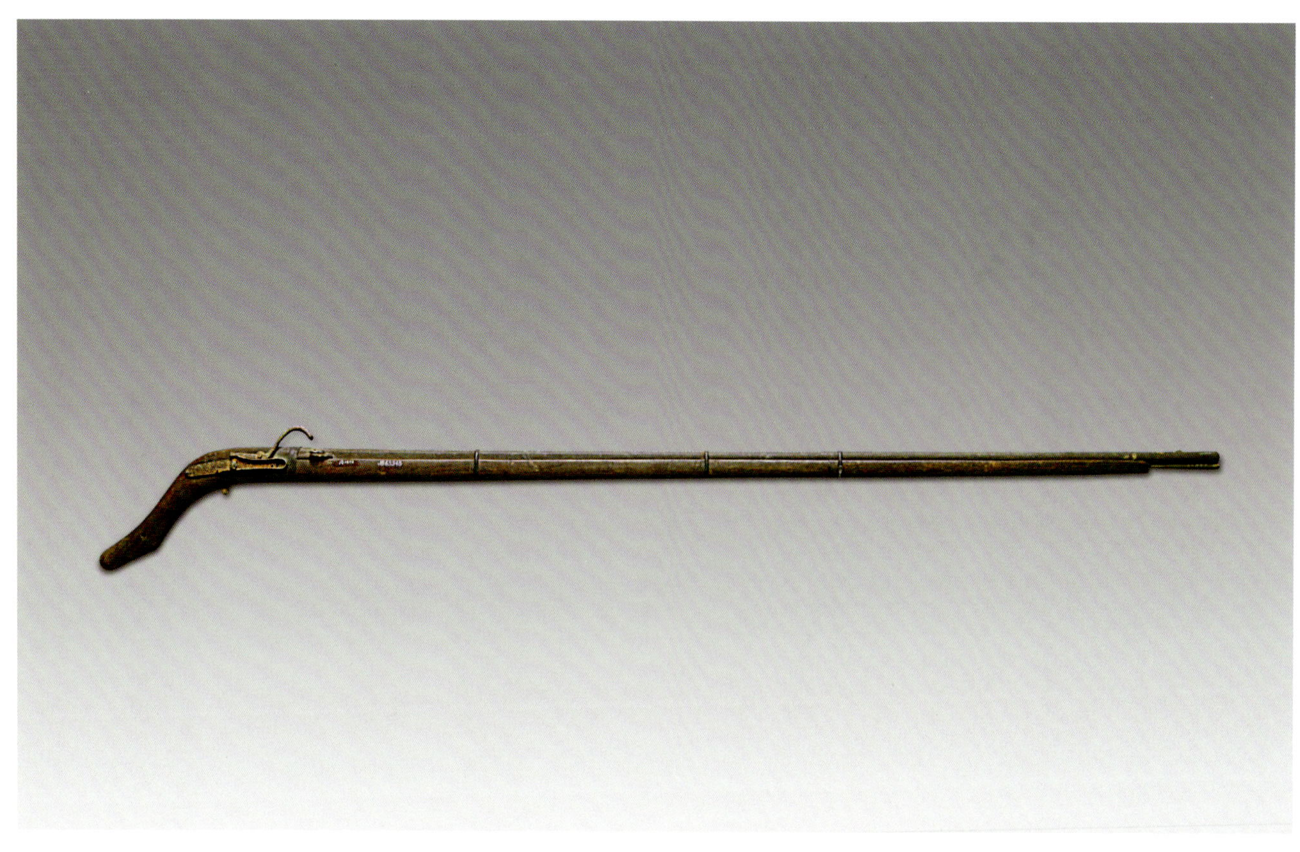

214 **铁火枪**

清（1644～1911年）

通长153、口径1.2厘米

中国人民革命军事博物馆藏

直管长身，口径小，前装弹药，滑膛，火绳枪机。把手弯形简便，重量轻，便于步兵和骑兵使用。火枪是清军装备的主要武器之一。它在清代兵器中具有比较重要的历史价值，定为国家馆藏贰级文物。

叁级文物

215 铜銎内戈（存残柲）

商代后期（公元前1300～前1046年）

长25.2厘米

河南省安阳市殷墟花园村东54号墓出土

中国社会科学院考古研究所安阳工作站藏

戈的整体略显厚重。援呈窄三角形，微向下弧。无阑，援末接銎内。銎内孔呈椭圆形，内后段起凸棱七道。銎内尚存残木柲。柲插于銎孔内，并用木楔加固。下端有缚绳痕迹。

商代銎内戈留存至今，銎中有木柲者极为少见，由此可见当时这类戈的安装情况，为研究商代的兵器装备提供了例证。具有比较重要的历史价值，定为国家馆藏叁级文物。

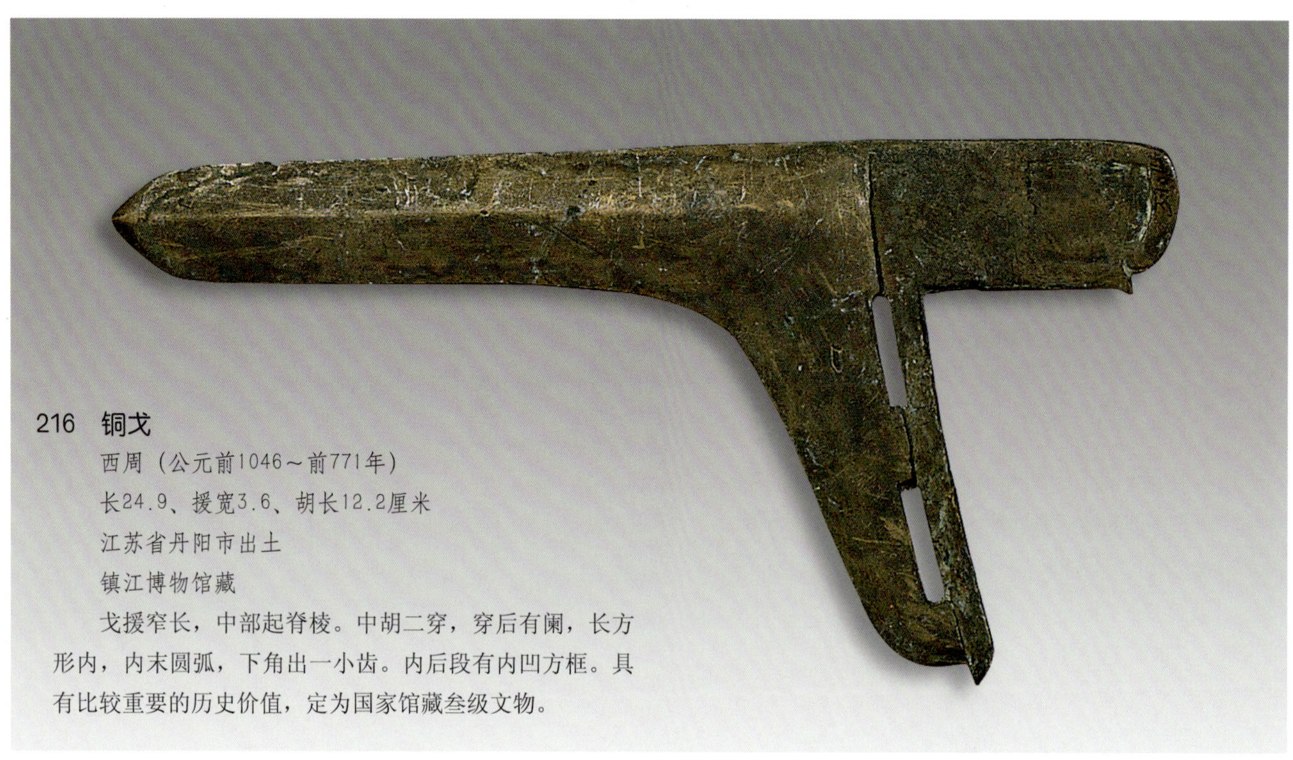

216　**铜戈**

西周（公元前1046～前771年）

长24.9、援宽3.6、胡长12.2厘米

江苏省丹阳市出土

镇江博物馆藏

戈援窄长，中部起脊棱。中胡二穿，穿后有阑，长方形内，内末圆弧，下角出一小齿。内后段有内凹方框。具有比较重要的历史价值，定为国家馆藏叁级文物。

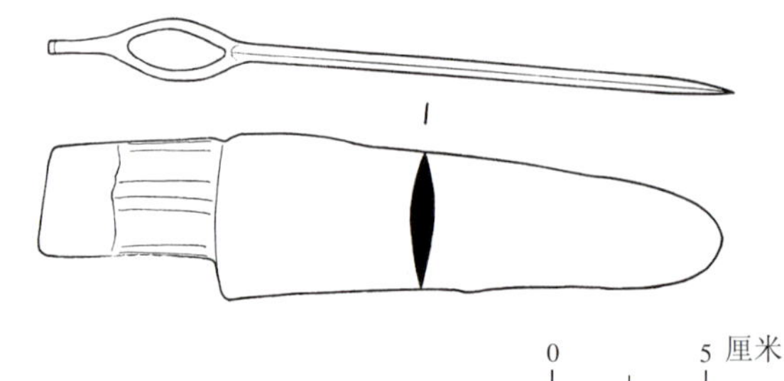

217　**铜銎内戈**

春秋晚期（公元前571～前476年）

通长22.3、援最宽5厘米

山西省太原市金胜村赵卿墓出土

山西省考古研究所藏

其形制与商代同类戈极其相似。援呈长条形。上下刀斜直，向前缓收成前锋。戈的断面呈枣核形，无明显的脊棱。本部最宽，无胡无阑。戈援后接銎内。銎孔呈扁圆形。外表饰三道凸棱纹。出土时，銎内残存木柲的朽痕。

这种形式的戈在商代常见，商代后期、西周逐渐被直内戈、曲内戈取代，到春秋，特别是春秋晚期已很难见到。具有比较重要的历史价值，定为国家馆藏叁级文物。

218 铜六棱脊矛

春秋晚期（公元前571～前476年）

通长26.5、叶宽5.4、口径2.8厘米

河南省淅川徐家岭9号墓出土

河南省文物考古研究所藏

此矛两叶略内凹，后部斜收，中部脊棱宽厚凸起，形成六棱。骹筒较长，断面呈圆形，上部开一钉孔，下部一侧有半环形纽。保存较好，具有比较重要的历史价值，定为国家馆藏叁级文物。

219 铜长骹矛（2件）

春秋晚期（公元前571～前476年）

一件通长12厘米，另一件通长11.2厘米

山西省太原市金胜村赵卿墓出土

山西省考古研究所藏

两矛均为长叶长骹形式。矛的两刃较斜直，或略有弧度，向上收成矛尖，后面的两刃角呈弧线形。矛叶中部的脊棱突起，断面呈菱形。骹筒下粗上细，筒口呈圆形。中部靠上两面各有一个钉孔。两相比较，一件矛叶窄长，骹上有圆形钉孔；另一种矛叶略宽，骹上的钉孔呈方形。

这两件矛都很锋利，又无雕饰，为实战用兵器。具有比较重要的历史价值，每件定为国家馆藏叁级文物。

220　玉素面矛

春秋晚期（公元前571～前476年）

长20、叶宽5、厚0.5厘米

河南省桐柏县左庄村北春秋墓地一号墓出土

河南省文物考古研究所藏

矛叶较宽，断面呈六边形。两刃前收成前锋。下部末端琢薄，有两个穿孔以固定矛柄。玉色黑中泛灰，质地细致。素面。非实战用，具有比较重要的历史、艺术价值，定为国家馆藏叁级文物。

221　铜矛

春秋晚期（公元前571～前476年）

长12.6、叶宽2.2、骹筒径1.9～2.2厘米

河南省淅川县下寺2号墓出土

河南省文物考古研究所藏

矛小巧，矛叶形如匕首，中间脊棱突显。矛叶之下有一宽格，格上铸饰兽面纹。骹筒断面呈抹角长方形。靠上部有一圆形钉孔。其形制与常规矛不同。具有比较重要的历史价值，定为国家馆藏叁级文物。

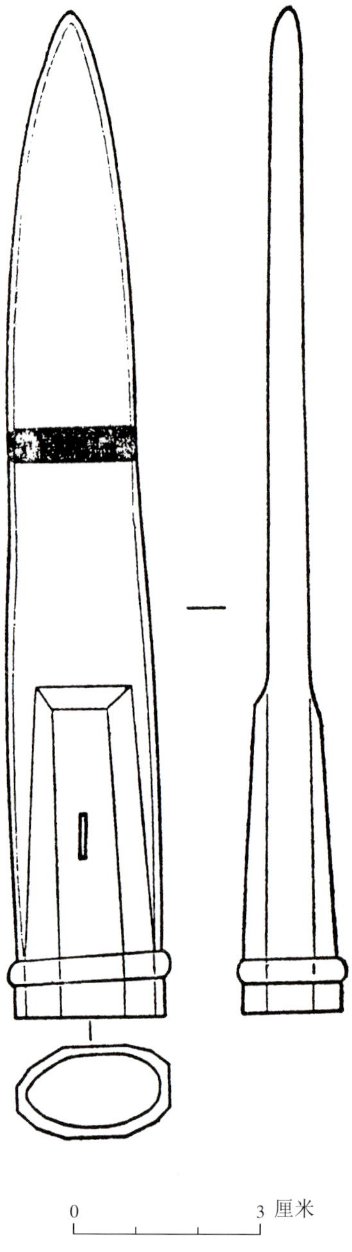

0 3厘米

222 铜异形矛

春秋晚期（公元前571～前476年）

通长16、銎径1.2～2.3厘米

山西省太原市金胜村赵卿墓出土

山西省考古研究所藏

矛叶与骹筒分界不明显，矛叶扁平无脊棱，两边较厚，无刃，前锋锐利。断面呈扁条形。骹筒下部有凸起的棱箍，筒口呈十二棱扁方形。骹筒外饰一道凸棱。

这两件矛以造型简洁为特点，其形制与同时期其他矛明显不同，故称异形矛，或名曰刺。可称为矛类的新品种，具有比较重要的历史价值，每件定为国家馆藏叁级文物。

223 铜矛（6件）

战国早期（公元前475～前4世纪初）

通高10.6～13.2厘米

湖北省随州擂鼓墩曾侯乙墓出土

湖北省博物馆藏

矛叶两刃锋利，前锋尖锐。中部有柱形脊棱。骹筒下粗上细，断面多呈圆形。筒腔向上直达矛锋。偏上部两边各有一圆形钉孔。此墓所出的矛大多矛杆甚长，最长者达4米余，当为车战用兵器。矛杆为木芯积竹，外缠丝线并髹漆。

铜矛没有任何修饰，但轻巧实用，具有比较重要的历史价值，每件定为国家馆藏叁级文物。

224　铜剑形菱形暗格纹矛

战国（公元前475～前221年）

长27.9厘米

安徽省池州贵池徽家冲出土

安徽省博物馆藏

矛身长直，矛中纵起脊棱，两从部饰双线菱格纹。矛叶下有曲起的横格。短宽骹，两边各有一个半环形纽。这件铜矛与吴王夫差矛形制相近。惜骹口残，保存欠佳，具有比较重要的历史、艺术价值，定为国家馆藏叁级文物。

225　铜窄叶长骹矛

东汉晚期（147～220年）

长25.7、叶宽1.9厘米

河南省新密市后士郭村一号汉墓出土

河南省文物考古研究所藏

矛叶窄长，中间纵起凸脊，两刃平直，前锋锐利。骹筒较长，筒内尚残存朽木痕迹。应为实战所用。铜矛保存完好，具有比较重要的历史价值，定为国家馆藏叁级文物。

226 铁矛（2件）

渤海国（699～925年）

一件长29.8厘米，一件长28厘米

黑龙江省宁安县虹鳟鱼场渤海墓地出土

黑龙江省文物考古研究所藏

锻制。矛头略呈柳叶形。尖锋，中部有脊棱，断面呈菱形。骹筒与矛叶分界不明显。骹筒上细下粗，筒口呈燕尾形。这两件矛均为实战兵器，锈蚀不严重。因出自渤海墓地，具有比较重要的历史价值，每件定为国家馆藏叁级文物。

227　**铜圈点纹钺**

商末周初（公元前1046年前后）

长17、刃宽12.7厘米

河南省鹿邑县太清宫长子口一号墓出土

河南省文物考古研究所藏

钺身略呈风字形，刃部圆弧，两刃角外撇。平肩，靠本部有阑，阑侧有两个条形穿。方形内，内的中部有圆形穿。钺身靠阑处饰三个圆圈纹，圆内有七个小圆点组成花纹。内末也有纹饰，惜已锈蚀不清。

此钺保存较差，有残损。具有比较重要的历史价值，定为国家馆藏叁级文物。

228 铜管銎钺

西周晚期至春秋早期（公元前885～前677年）

通长14.6、钺刃宽11.6厘米

内蒙古自治区宁城县小黑石沟出土

内蒙古自治区宁城县博物馆藏

钺身扁平，两刃角外展，刃圆弧外凸。钺身上部开一大圆孔。钺身后接铸管形銎。銎口呈圆形。銎筒下部有两个用来固柄的钉孔。管銎中部与钺身相背的一侧接铸方形短内。整钺光素无纹。出土时管銎内尚存木柄的朽痕。

此钺为草原牧猎民族兵器，虽与中原铜钺形制相近，但管形銎显示了草原牧猎民族的风格。具有比较重要的历史价值，定为国家馆藏叁级文物。

229 **铜条形钺**

春秋晚期（公元前571～前476年）

通高19.3、刃宽7～7.3厘米

山西省太原市金胜村春秋墓出土

山西省考古研究所藏

钺身扁平，呈长梯形。两刃角略外侈，刃口锋利，略见弧凸。钺身本部开一大圆穿。无内，只在钺背的下部开一缺口。有的残存木柄朽痕。木柄上端较宽而扁平，在侧面开透穿卯，将钺背插入卯内，用革带通过圆孔捆紧，固定木柄。

钺的刃口有使用过的破损痕迹，当为实战兵器。这种形制的铜钺更为少见，具有比较重要的历史价值，定为国家馆藏叁级文物。

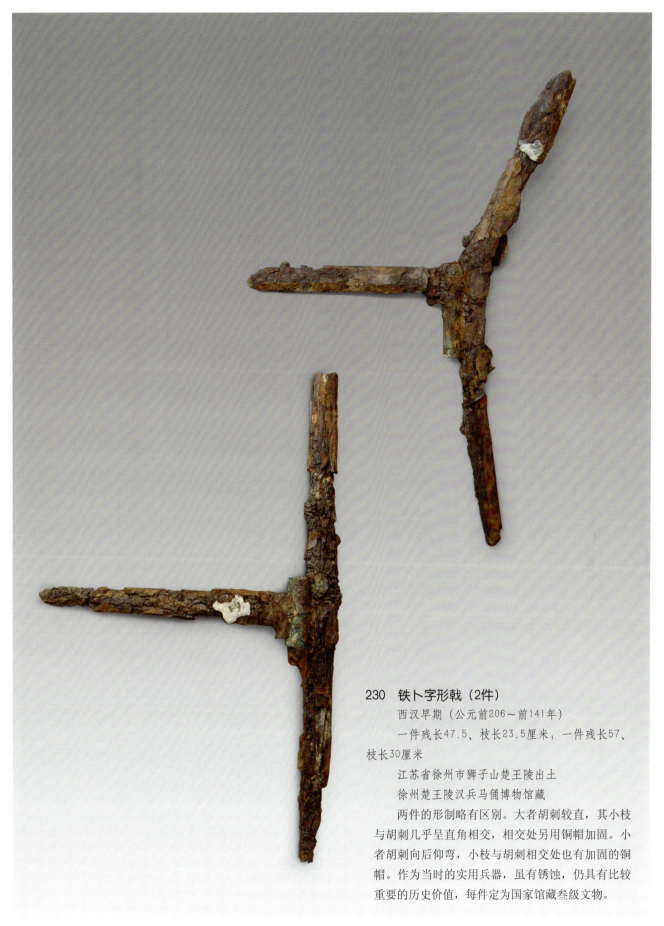

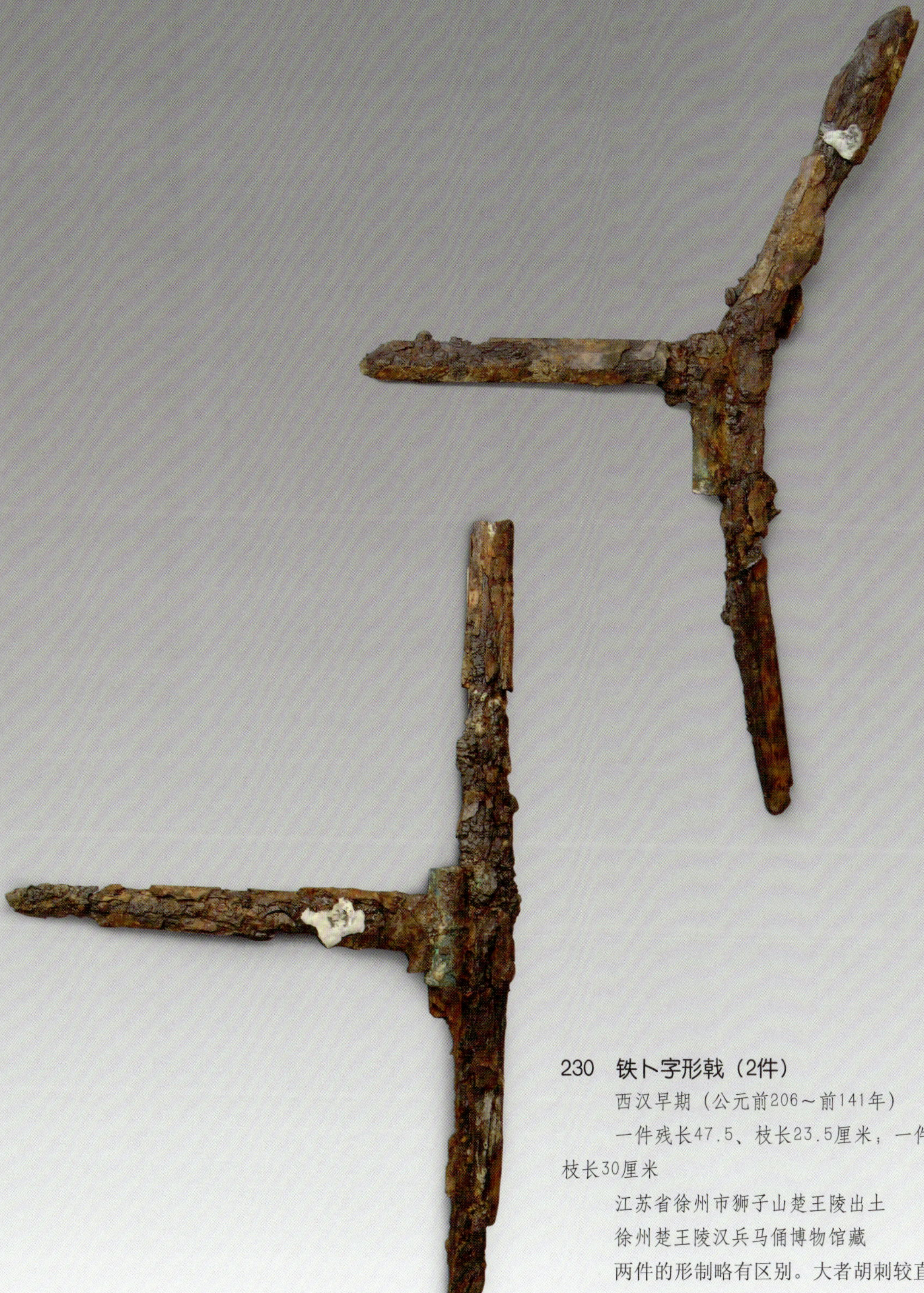

230　铁卜字形戟（2件）

西汉早期（公元前206～前141年）

一件残长47.5、枝长23.5厘米；一件残长57、枝长30厘米

江苏省徐州市狮子山楚王陵出土

徐州楚王陵汉兵马俑博物馆藏

两件的形制略有区别。大者胡刺较直，其小枝与胡刺几乎呈直角相交，相交处另用铜帽加固。小者胡刺向后仰弯，小枝与胡刺相交处也有加固的铜帽。作为当时的实用兵器，虽有锈蚀，仍具有比较重要的历史价值，每件定为国家馆藏叁级文物。

231 **铜卜字形戟**

东汉晚期（147～220年）

长23.5、宽1.8、刺长10.5厘米

河南省新密市后士郭村一号汉墓出土

河南省文物考古研究所藏

其造型简洁，整体呈“卜”字形。援与前锋呈一条直线，小枝横出，与援呈直角相交。东汉时期，兵器大量用钢铁制造，铜兵器相对较少。保存完好，具有比较重要的历史价值，定为国家馆藏叁级文物。

232 **铜殳头（4件）**

秦（公元前221～前206年）

高10.5～10.6、直径2.3厘米

陕西省临潼秦始皇兵马俑坑出土

秦始皇兵马俑博物馆藏

铜殳头呈直筒形，顶端有多棱锥状钝锋。这种铜殳集中出土于三号俑坑，有30件之多。出土时有的尚残存柄柲，长1米余。三号祭祀坑为统帅指挥系统的所在，由此考证，铜殳当是仪卫所用的兵器。从而为这种兵器的用途提供了考古学上的佐证。其铸制简单实用，具有比较重要的历史价值，每件定为国家馆藏叁级文物。

233 铜剑

战国早期（公元前475～前4世纪初）

长52.2、刃宽4.1厘米

河南省淅川县徐家岭一号墓出土

河南省文物考古研究所藏

剑身长且宽，中部脊棱明显，两刃略有弧曲。宽格，格上饰兽面纹。剑茎为圆柱形，上面有双箍，箍上也饰花纹。末端已断，幸剑首尚存。首呈圆形，内凹。

这柄剑形制规范，保存尚完整，特别是剑茎漆黑少锈，缠缑痕迹清晰。具有比较重要的历史价值，定为国家馆藏叁级文物。

234 铁长剑（2柄）

西汉早期（公元前206～前141年）
一件长87厘米，一件长105.5厘米
江苏省徐州市狮子山楚王陵出土
徐州楚王陵汉兵马俑博物馆藏

两柄铁剑长短不同，长者剑身较窄，中起凸脊，前锋尖锐，无格无首，茎扁而细。短者剑身较宽，脊棱不显。前锋圆钝略残，剑身后有厚格，扁茎。两剑虽锈蚀，也非楚王近身佩器，但仍具有比较重要的历史价值，每件定为国家馆藏叁级文物。

235 铁环首长刀（2件）

西汉早期（公元前206～前141年）
一件长98厘米，一件长97厘米
江苏省徐州市狮子山楚王陵出土
徐州楚王陵汉兵马俑博物馆藏

均为锻制，长身直背，断面呈三角形，刀尖微微上翘，刀身、刀柄不分，后面有椭圆形环首。这两件环首刀形制相似，只尺寸有区别，环首有大小。这两柄刀为当时的实战兵器，虽有锈蚀，仍具有比较重要的历史价值，每件定为国家馆藏叁级文物。

236 **铁长刀**

渤海国（699～925年）

长62.8、刃宽2.6厘米

黑龙江省宁安县虹鳟鱼场渤海墓地出土

黑龙江省文物考古研究所藏

铁制。刀身较长。直背直刃，向前斜削成锋。厚背，断面成三角形。刀柄较短，直长条形，末端有一圆孔。这柄刀虽然生锈，但保存尚好，又出自唐五代时期渤海国墓葬。具有比较重要的历史价值，定为国家馆藏叁级文物。

237 **钢七星剑**

清（1644～1911年）

通长91.5、宽8.5厘米

中国人民革命军事博物馆藏

剑身修长，饰有七星，鞘木质，剑格为菱形，锥形木柄，柄首菱形饰有银丝镶嵌纹饰。剑鞘呈黑色，亦用银丝镶嵌夔龙云纹，加配铜饰。剑鞘保存完好。此剑制作精良，装饰华丽，造型美观。具有比较重要的历史、艺术价值，定为国家馆藏叁级文物。

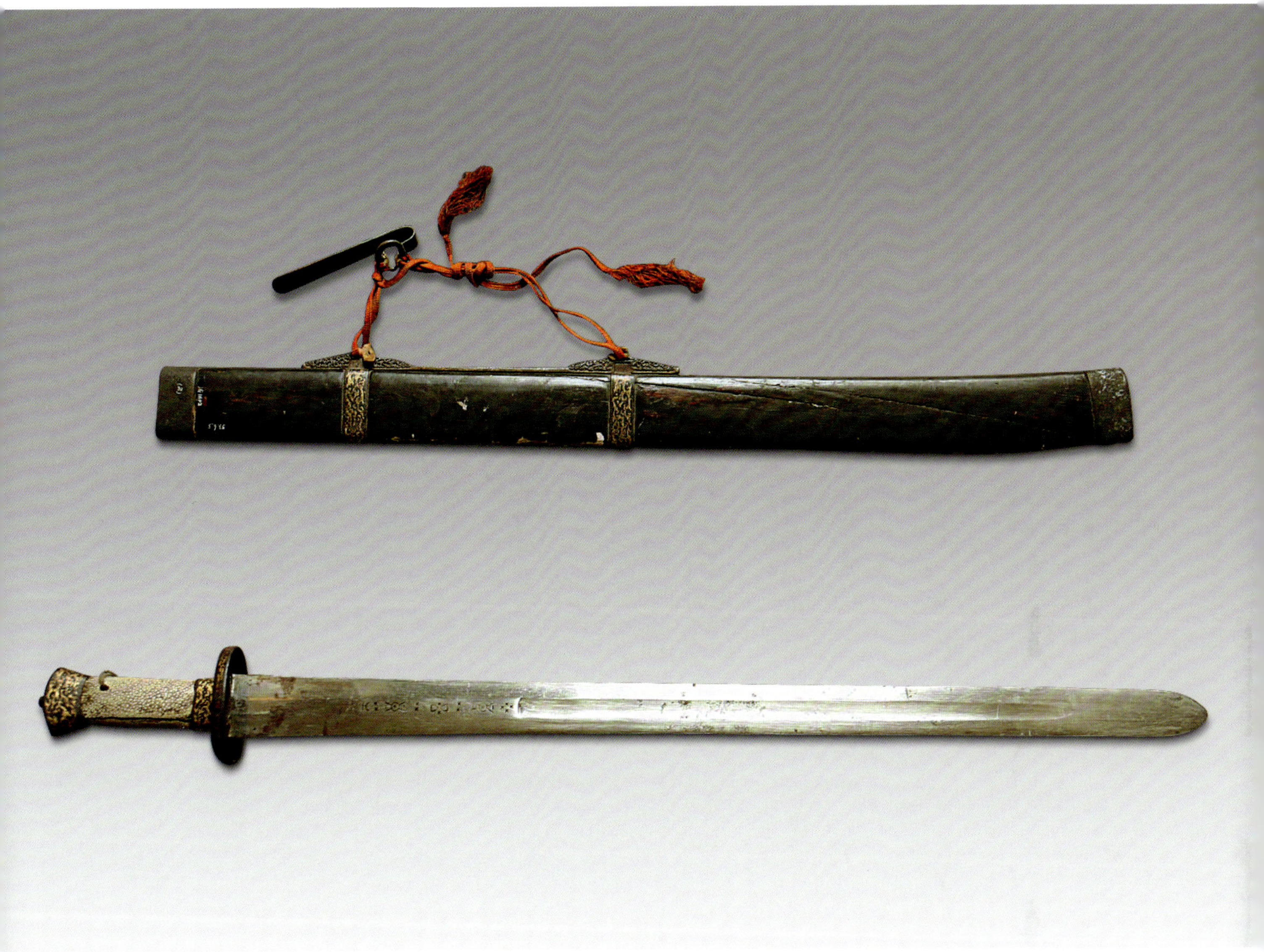

238 **漆鞘扁茎铁剑**

清（1644～1911年）

通长91、宽8.6厘米

中国人民革命军事博物馆藏

剑身笔直修长，两面开刃，剑脊部有凹形血槽。扁茎，剑首呈三角菱形。柄木制，两侧嵌有用整块玉石雕刻而成的饰件。鞘为木质，外髹黑漆。鞘的头尾以及鞘身部位有银饰件。在清代，多作为皇室贵族自卫用器。此剑具有比较重要的历史、艺术价值，定为国家馆藏叁级文物。

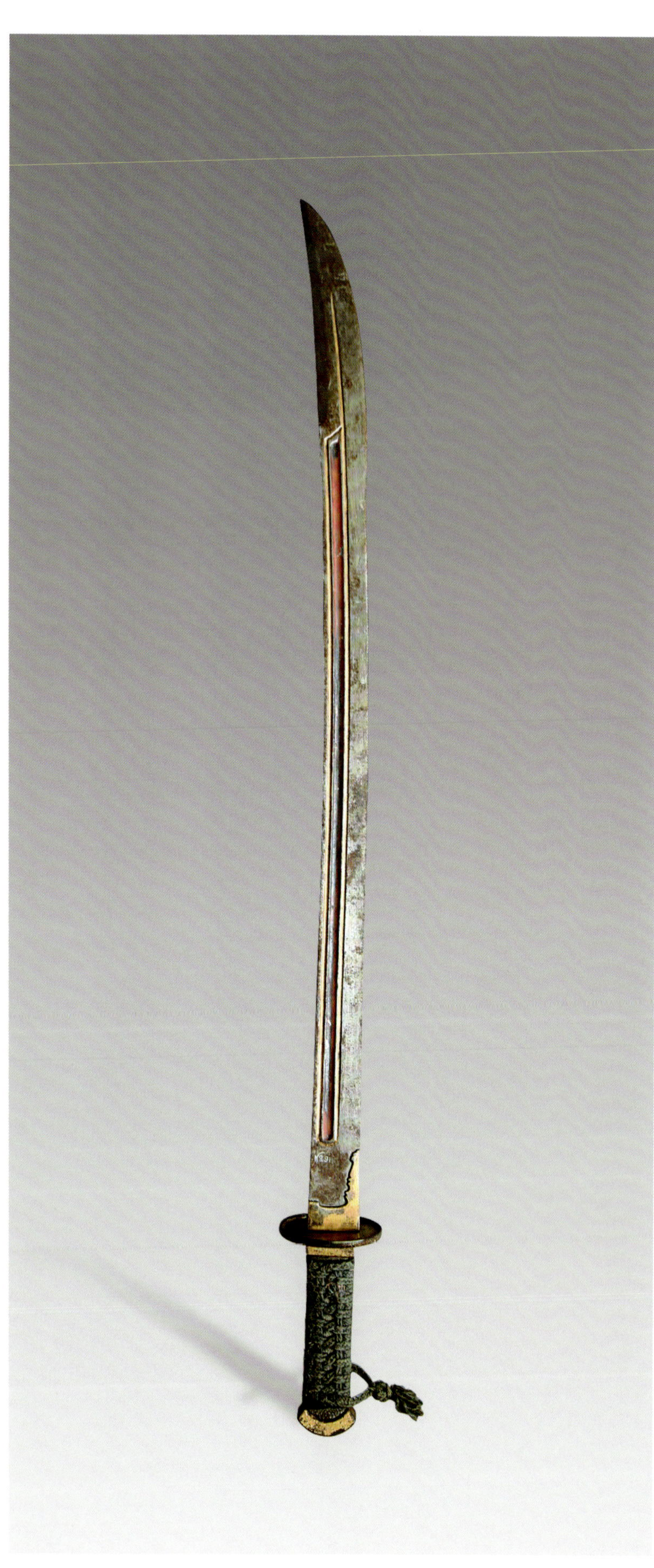

239　钢直柄刀

清（1644～1911年）

通长90.5、宽7.5厘米

中国人民革命军事博物馆藏

刀身较窄薄，前部略呈弧形，近刀背处有宽长血槽，刀锋尖锐锋利，圆格，直柄缠有丝带。此种刀造型庄重，华美而实用。此刀保存完好，在清代兵器中具有比较重要的历史、艺术价值，定为国家馆藏叁级文物。

240 **雕花玉柄钢刀**

清（1644～1911年）

通长49.5、宽5.5厘米

中国人民革命军事博物馆藏

雕花玉柄，柄首弯曲，刀身较宽，呈片状，侧锋，形与兵卒用的朴刀相似。保存较好。此物对研究清代兵器具有比较重要的历史价值，定为国家馆藏叁级文物。

241 **平头铜镞（镝）**

春秋晚期（公元前571～前476年）

通长7.35～10、镞头长4～5.5厘米

山西省太原市金胜村春秋墓出土

山西省考古研究所藏

这四件铜镞虽均为平头形式，但形状、长短各不相同。左边一件上端细而下端膨大，下有较粗的关阑，后为细铤。左第三件上部粗大，顶部还有一高起的台面，亚腰，无关，镞头后直接接细铤。左二、左四虽均为长镞身，头端略膨大，但一件素面，另一件（左二）饰卷云纹和心纹。出土时，有的还插装有箭笴（杆）残段，最长者5厘米。

这些平头铜镞非实战所用，当为习射所特制。在先秦，射箭为“六艺”之一。这种铜镞印证了古文献，具有比较重要的历史价值，每件定为国家馆藏叁级文物。

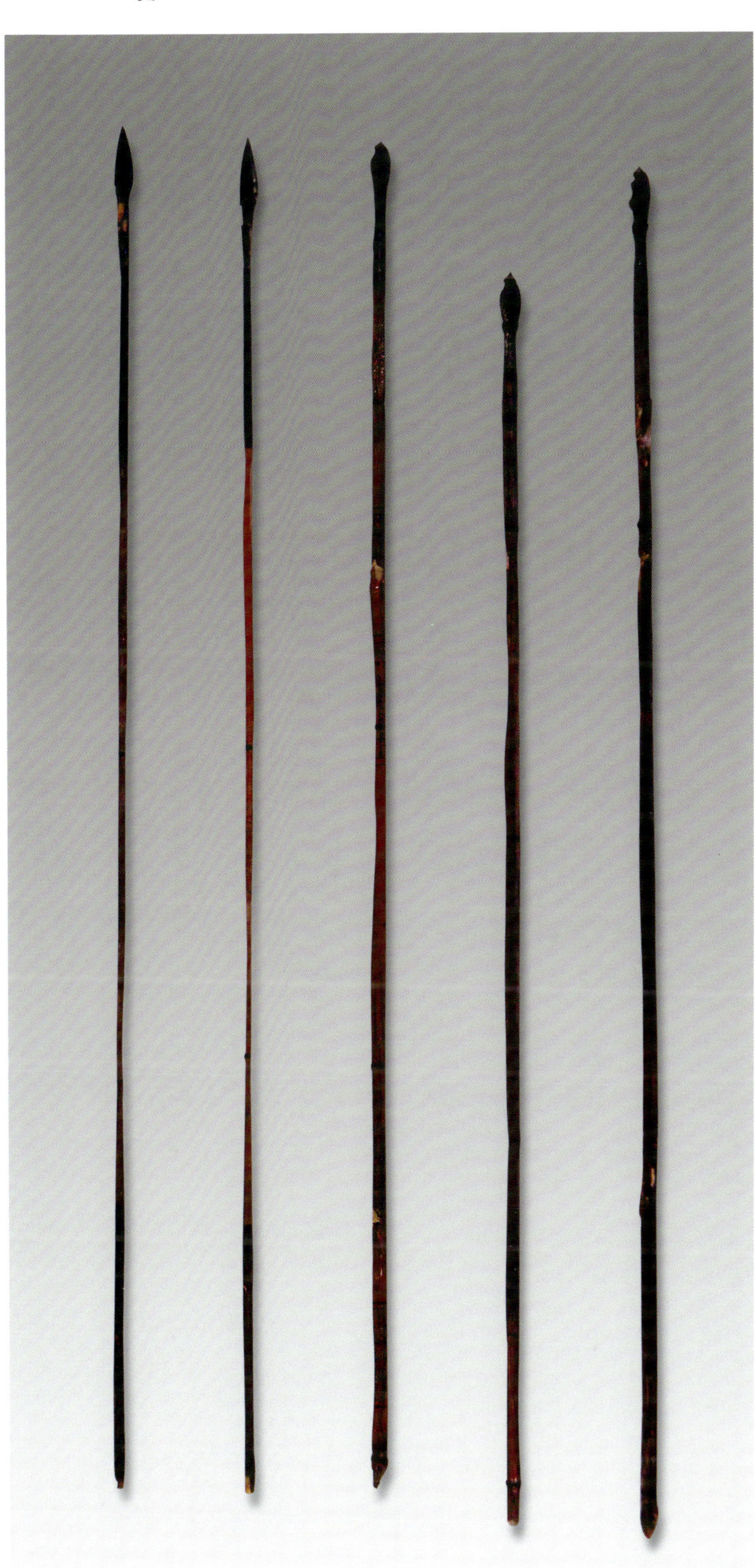

242　箭（5支）

战国早期（公元前475～前4世纪初）

通长67～71厘米

湖北省随州市擂鼓墩曾侯乙墓出土

湖北省博物馆藏

铜镞形制不同，左边二支有三条刃，断面呈三棱形，后接锥形细铤。右边三支镞头呈圆锥形，镞尖不锋利。铜镞接装在竹制箭杆之上。箭杆上下各有10多厘米的一段外缠丝线并用黑漆髹饰。下段残存羽毛，为箭羽所遗。末端开叉口，为受弦的箭括。

这两种镞头不同的箭各有用途，三棱形的专用于实战，圆锥形的出土数量少，且镞上铸卷云纹，外观华丽，可能用于习射。出土时多50支捆为一束，恰与同墓所出竹简所记一个箭箙装50支箭相符。具有比较重要的历史价值，每支定为国家馆藏叁级文物。

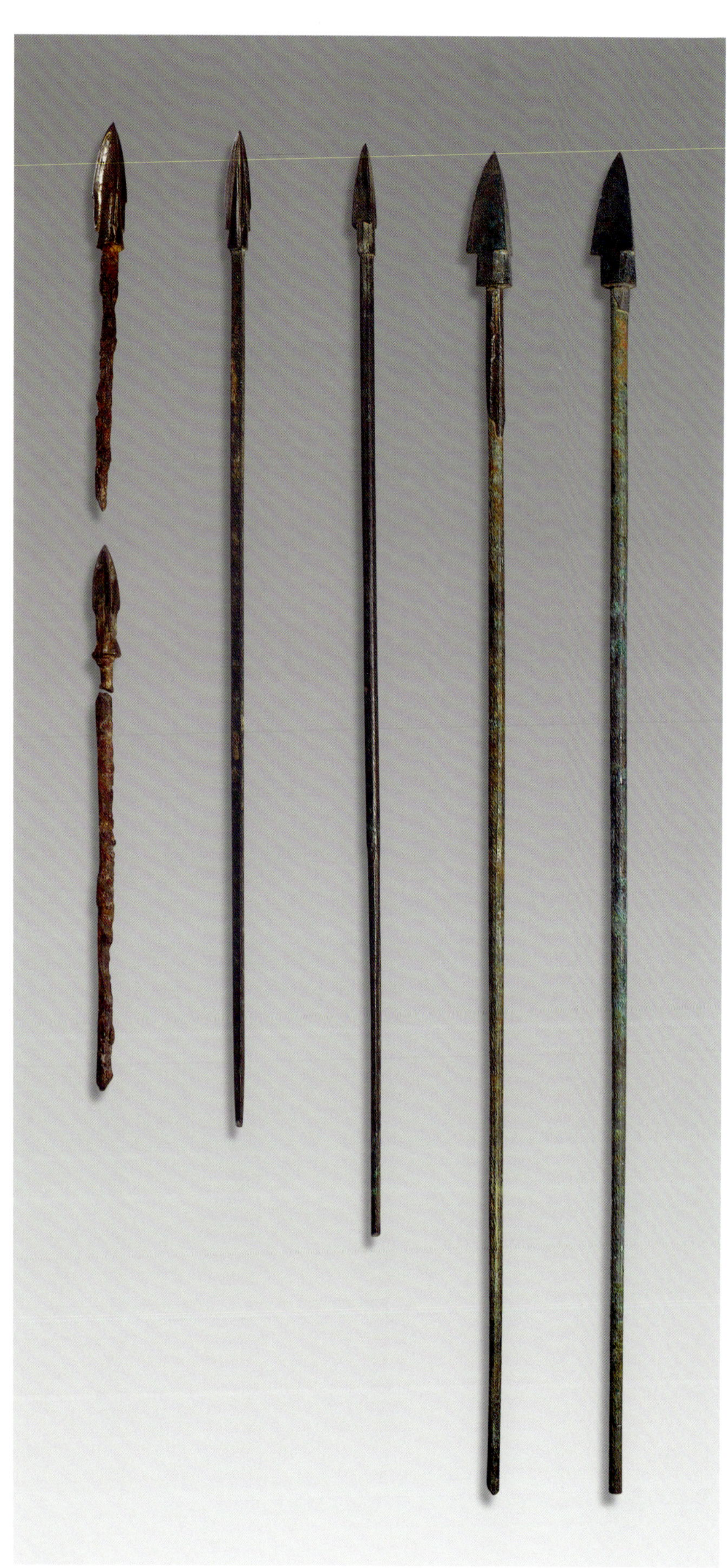

243　**铜镞**

秦（公元前221～前206年）

最长者通长41、镞体最长者4.5厘米

陕西省临潼秦始皇兵马俑坑出土

秦始皇兵马俑博物馆藏

分为铜铤铜镞和铁铤铜镞两种。铜铤铜镞镞头呈三棱锥形，前锋尖锐，后有关，铤甚长。又细分为大镞头长铤者和小镞头铤较短者。铁铤铜镞的铤相对较短，已锈蚀，乃至残断。

从铜镞的形制看，当有弩射之箭和弓射之箭的区别。弩射之箭较长大而重，杀伤力大。具有比较重要的历史价值，定为国家馆藏叁级文物。

244 铜弓形器

商末周初（公元前1046年前后）

长31.9厘米，曲臂高8.5厘米

河南省鹿邑县太清宫长子口墓葬出土

河南省文物考古研究所藏

器身作向上微拱的板状，上面正中饰一圆形乳突。两端各有一弧曲的臂支，臂支端圆雕马头。马头中空，叶状耳，臣字目。这件弓形器制作较粗，装饰简单，为驾车驭马者所用，具有比较重要的历史价值，定为国家馆藏叁级文物。

245 **银球弹**

战国中期（公元前4世纪初～前4世纪末）

直径4.7厘米

河北省平山县三汲中山王䜣墓出土

河北省博物馆藏

整体呈球形，用银制作而成。其外表经火焚烧，已经氧化。一颗重0.495千克，一颗重0.483千克。

据发掘者考察，当为投掷兵器。弹为银制，应是中山王自用的防身兵器，作为投掷的球形兵器，甚为少见。其质地为银制，时代又早至先秦，具有比较重要的历史价值，定为国家馆藏叁级文物。

一般文物

246　铜锥形镦

春秋晚期（公元前571～前476年）

通高18.7、镦口长径约4厘米

山西省太原市金胜村赵卿墓出土

山西省考古研究所藏

整体形如锥形，靠镦口有一道凸起的箍棱。棱下有一圆形钉孔。镦的断面呈圆角长方形。出土镦筒内残存木柲的痕迹。镦外表光素无纹。

这件铜镦为赵卿墓内所出铜镦中的最大者，从形制看，当装在戈柲的末端，起保护戈柲的作用。具有一定的历史价值，定为国家馆藏一般文物。

247　铜矛

春秋（公元前770～前476年）

残长21.2厘米

安徽省繁昌县出土

繁昌县博物馆藏

矛的叶与骹的长度几乎相等。脊棱较宽。筒形骹，骹口内凹。自骹口而上至矛叶通饰绹纹、S形纹、三角纹等。矛的中部断开，前锋残损。具有一定的历史、艺术价值，定为国家馆藏一般文物。

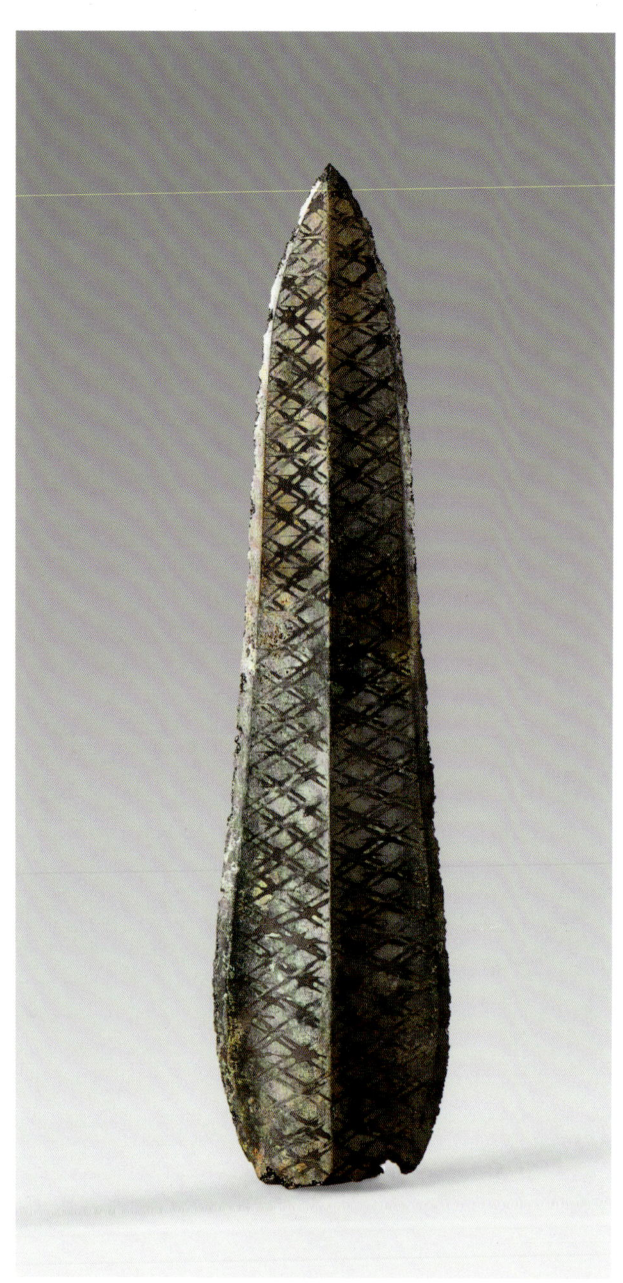

248　铜菱形暗格纹矛

春秋（公元前770～前476年）

残长19.3厘米

安徽省铜陵市出土

铜陵市文物管理所藏

矛叶宽肥，两叶中部内弧，中部纵起脊棱。两从部饰双菱线暗格纹。矛叶根部以下残失。这件铜矛具吴越铜兵器的主要特点，惜矛骹残失，具有一定的历史、艺术价值，定为国家馆藏一般文物。

249　铜柳叶单纽矛

战国早期（公元前475～前4世纪初）

残长12.3、叶宽2.6厘米

河南省淅川县徐家岭一〇号墓出土

河南省文物考古研究所藏

矛体形为柳叶，中间纵起脊棱，筒形骹，上部有一圆形钉孔，一侧有半环形纽耳。这种类型的矛存世量较多，且已锈蚀残损，具有一定的历史价值，定为国家馆藏一般文物。

250　**铜剑**

春秋晚期（公元前571～前476年）

残长49.6、格宽6.3厘米

河南省淅川县徐家岭三号墓出土

河南省文物考古研究所藏

剑身扁宽，中间起脊棱，倒凹字形剑格，格上饰兽面纹。圆柱状实心茎，茎上有两道箍棱，并有缠缑痕迹。圆饼状剑首。

此剑形制较常见，存世量多，且锈蚀严重，剑身翘弯，已断为三截。具有一定的历史价值，定为国家馆藏一般文物。

251　**铜窄格扁茎剑**

春秋（公元前770～前476年）

长38.1、宽4.5厘米

江苏省高淳土产公司废品站拣选

镇江博物馆藏

剑身较宽，中部纵起脊棱，剑锋残。一字形窄剑格，扁茎，近首部中空，圆形剑首。此剑锈蚀残甚，又非科学发掘所得，仍具有一定的历史价值，定为国家馆藏一般文物。

252 石镞（3件）

龙山文化

左长4.6、宽1.9、厚0.7厘米

中长8.8、宽1.7、厚0.9厘米

右长54、宽0.9厘米

河南省登封市王城岗遗址出土

河南省文物考古研究所藏

一件长身短铤，一件身呈棱形，一件整体呈菱形。具有一定的历史价值，每件定为国家馆藏一般文物。

253 铜三翼倒刺镞

春秋晚期（公元前571～前476年）

最短者3.3、最长者5.6厘米

山西省太原市金胜村赵卿墓出土

山西省考古研究所藏

这四件铜镞的共同特点是镞身都有三条刃，向上收聚成尖锋。刃弧曲，后刃角尖锐形成倒刺。镞身之后有的接圆锥形銎筒，可插装箭杆。有的镞身后有关，关下接或长或短的铤。用铤插接箭杆。

这种三翼倒刺铜镞杀伤力很强，为春秋战国，特别是战国铜镞的主要形式。具有一定的历史价值，每件定为国家馆藏一般文物。

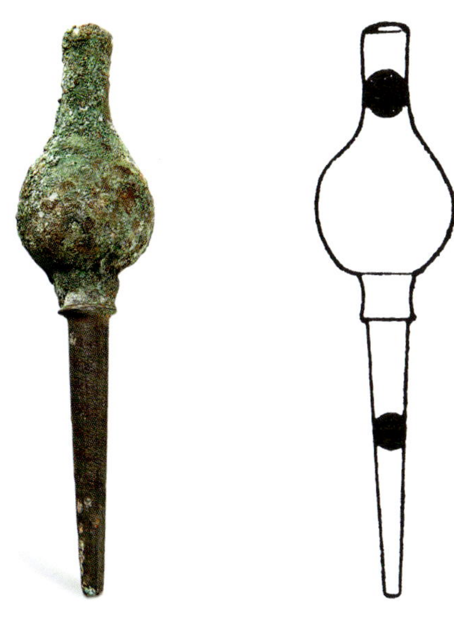

254 **葫芦状铜镞**

春秋晚期（公元前571～前476年）

长6.4、直径0.6～1.8厘米

河南省淅川县下寺二号墓出土

河南省文物考古研究所藏

铜镞下部膨大，上部较细，平头，状如葫芦，又似花蕾。后接六棱柱状镞铤。

这类镞多用于狩猎，射杀鸟兽可保留完整的躯体，也用于习射。较为少见，具有一定的历史价值，定为国家馆藏一般文物。

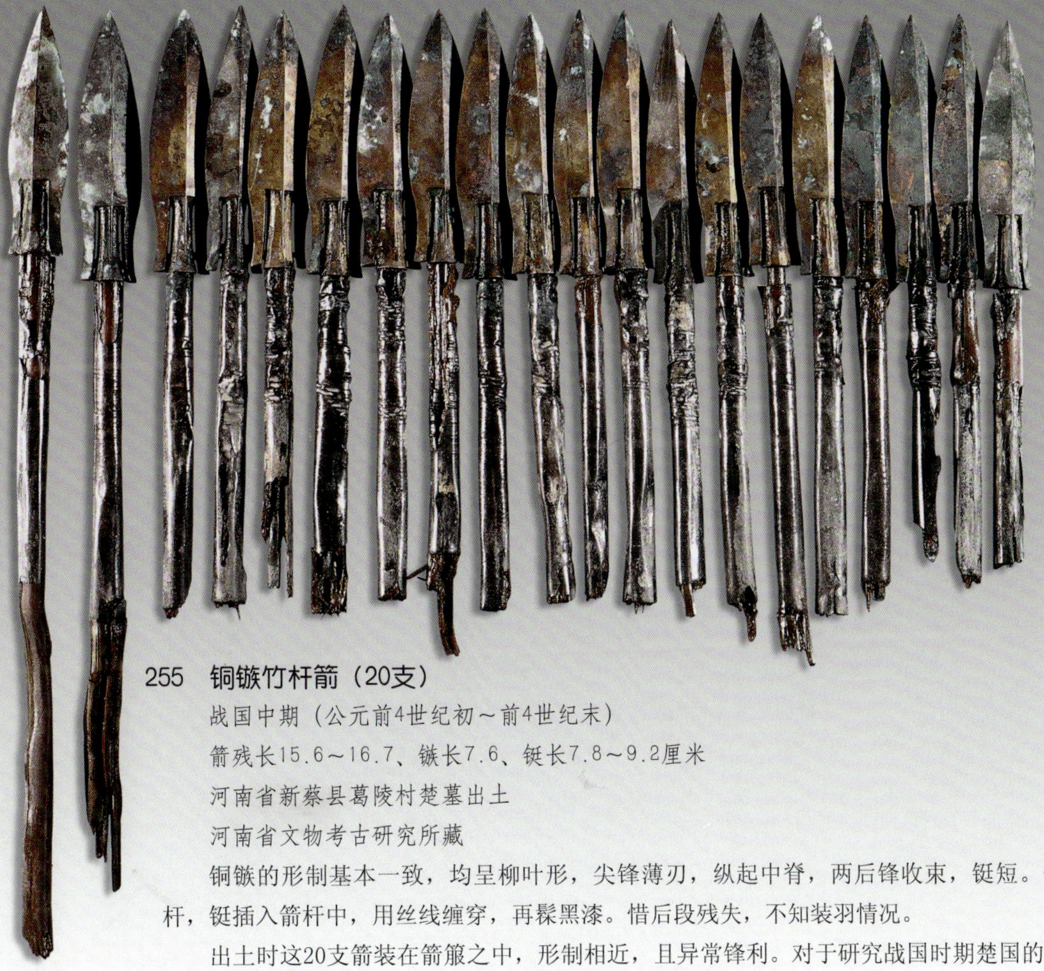

255 **铜镞竹杆箭（20支）**

战国中期（公元前4世纪初～前4世纪末）

箭残长15.6～16.7、镞长7.6、铤长7.8～9.2厘米

河南省新蔡县葛陵村楚墓出土

河南省文物考古研究所藏

铜镞的形制基本一致，均呈柳叶形，尖锋薄刃，纵起中脊，两后锋收束，铤短。竹制箭杆，铤插入箭杆中，用丝线缠穿，再髹黑漆。惜后段残失，不知装羽情况。

出土时这20支箭装在箭箙之中，形制相近，且异常锋利。对于研究战国时期楚国的军事装备极有作用。具有一定的历史价值，每支定为一般文物。

256 **铁镞（4件）**

渤海国（699～925年）

长6.4～13厘米

黑龙江省宁安县虹鳟鱼场渤海墓地出土

黑龙江省文物考古研究所藏

4件铁镞多不相同，一件镞锋呈扁平三角形，叶的后部有两个圆孔；一件呈平方铲形；一件呈铲形，镞锋双歧；一件断面呈三棱形，前锋锐利。

这四件铁镞形制多不相同，用途各异。反映了渤海国的军事装备，具有一定的历史价值，每件定为国家馆藏一般文物。

257 **铁甲片**

渤海国（699～925年）

完整者10厘米左右

黑龙江省宁安县虹鳟鱼场渤海墓地出土

黑龙江省文物考古研究所藏

甲片均为熟铁锻制。整体呈柳叶形或抹角长方形。大小不一，上面数量不等的钉缀孔。是研究渤海国军事装备的重要资料，具有一定的历史价值，每件定为国家馆藏一般文物。

编后记

《文物藏品定级标准图例·兵器卷》在编辑过程中，得到了国家文物局各级领导的关心、支持，得到了河南省文物考古研究所、四川三星堆博物馆、徐州汉兵马俑博物馆、北京汉高古风文化发展有限公司等单位的大力支持。文物出版社提供了本卷所收录兵器的绝大部分图片。

在本卷的编辑过程中，杨泓先生对条目的编选进行了严格把关，对书稿的文字进行了细致审改；王蔚波先生提供了出土于河南的部分兵器的图片，并撰写了基本的素材。

张克义、王紫岩、王寅为本书的出版付出了劳动。

在此一并致以衷心的感谢。

编辑委员会

2011年金秋